실용 중국어 완벽 마스터

동작으로 배우는 중국어

박창선 지음

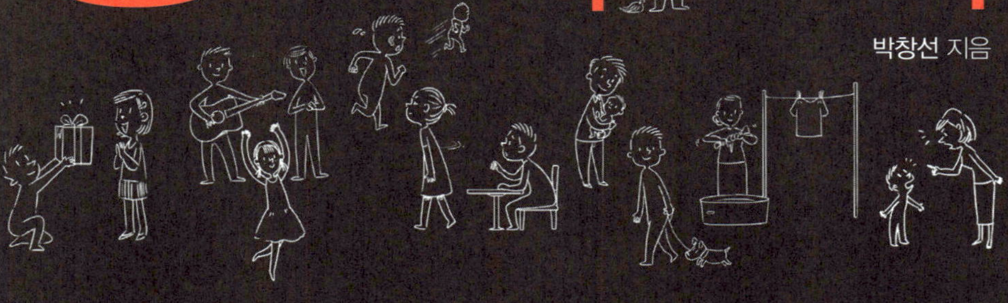

일어나서 잠들 때까지 마주하는 모든 일상적인 동작을 그림으로 배우는
실용 중국어 완벽 마스터 북

동작으로
배 우 는
중 국 어

초판 인쇄 2016년 4월 8일
초판 발행 2016년 4월 15일

저자	박창선
발행인	이진곤
발행처	씨앤톡
출판등록	제 313-2003-00192호(2003년 5월 22일)
주소	서울특별시 서대문구 연희로5길 82 2층
전화	02-338-0092
팩스	02-338-0097
홈페이지	www.seentalk.co.kr
E-mail	seentalk@naver.com

ISBN 978-89-6098-440-0 (13720)

· 본 책은 저작권법에 의해 보호 받는 저작물이므로 무단 전재와 복제를 금합니다.

머리말

시중에 나온 많은 책이 외국어를 단기간에 완성할 수 있다고 말합니다. 그러나 저는 다른 문화권의 언어를 배운다는 것은 어느 정도의 시간이 걸려야만 성과를 얻을 수 있다고 생각합니다. 물론 좀 더 시간을 줄이고, 효율적으로 오래 기억나게 하는 방법은 있을 수 있습니다.

이 책은 기본적으로 많이 하는 행동을 연상하는 방법으로 반복 학습할 수 있게 구성했으며, 한자에 한국어 독음을 달아 오래 기억할 수 있게 했습니다.

'30일 단어장'으로 단어를 습득해서 앞의 구문에 응용해 보기 바랍니다. 더욱 풍부한 표현을 할 수 있게 될 겁니다.

모쪼록 성급하게 포기하지 말고 천천히 그러나 꾸준히 공부하다 보면 만족스러운 결과를 얻을 수 있을 것입니다.

중국어를 공부하시는 모든 분의 건승을 기원합니다.

2016년 3월 박창선

책의 구성과 특징

1. 이 책은 같은 내용을 난이도를 서로 다르게 조정한 세 개의 PART로 나누어 세 번 반복 학습을 할 수 있게 구성되어 있습니다.
2. PART01에서는 그림과 함께 동작이 기억에 오래 남도록 했고, 중국어에 한자와 우리말 독음을 함께 달아 한자를 공부하는 효과도 가질 수 있게 했습니다.
3. PART02에서는 그림과 함께 배운 단어를 이용해 주어진 우리말을 보고 중국어 작문을 하면서 기억력을 배가시키고, 작문 능력을 키울 수 있도록 했습니다.
4. PART03에서는 PART01과 02에서 학습한 내용을 기초로 주어진 그림과 중국어 단어를 이용하여 우리말 없이 제시된 중국어 문장을 참고해 작문하면서 상황에 따른 중국어 표현을 완벽히 습득하고 활용할 수 있게 했습니다.
5. PART04에서는 서적이나 TV, 미디어 등에서 자주 인용되지만 일상생활에서는 잘 사용하지 않아 찾기 어려운 문장을 익혀 구사하는 중국어의 수준을 한 단계 더 높일 수 있도록 구성했습니다.
6. PART05 30일 단어장에서는 매일 부담되지 않을 정도의 단어를 외워서 30일간 약 600개의 단어를 외워 활용할 수 있도록 했습니다.

우리가 일상생활에서 늘 하는 동작과 언어 표현은 반복적이고 습관적입니다. 기본이 되는 동작을 익히고 외워서 조금씩 표현을 늘려가는 것이 바람직하다고 생각해 이 책을 구성하였으며, 방대한 내용을 담기보다는 필요한 표현을 먼저 익힐 수 있도록 했습니다.

목차

머리말	3
책의 구성과 특징	4
회화에 바로 도움이 되는 용법 3가지	6

PART 01 제시된 그림과 동사(동작) 이해하기 … 9

PART 02 제시하는 한국어와 그림을 보고 중국어로 만들어보세요 … 87

PART 03 제시하는 그림을 보고 중국어로 만들어보세요 Ⅱ … 133

PART 04 일상 회화에서 잘 사용하지는 않지만 서적이나 TV에서 자주 인용되는 成語 … 195

　01 노력과 관련한 成語　•196
　02 성공과 관련한 成語　•197
　03 교훈과 관련한 成語　•198
　04 욕심, 무능함과 관련한 成語　•200
　05 위기와 관련한 成語　•202
　06 외로움과 출중함에 관련한 成語　•204

PART 05 30일 단어장 … 205

> 회화에 바로 도움이 되는 용법 **3**가지

在의 용법

1. 在 자체가 동사로 쓰인다 : 존재하다, 살아있다

　　　他在不在? 그 사람 있습니까?

2. 존재의 대상 + 在 + 장소 : ~에 있다

　　　妈妈在哪儿?　　　　　(妈妈 + 在 + 어디(장소))
　　　妈妈在客厅里。　　　　(妈妈 + 在 + 거실(장소))
　　　书在哪儿? 书在桌子上。 (书 + 在 + 桌子上)

3. 전치사로 사용될 때
　• 시간을 나타낸다(~에)

　　　我出生在2000年。 나는 2000년에 출생하였다.

　• 처소(處所)를 나타낸다 - 위치를 나타낸다

　　　我每天在学校读书。 나는 매일 학교에서 공부한다.

　• 범위를 나타낸다(~에서, ~로)

　　　昨天在江源道下了很大雨。 어제 강원도에 큰 비가 내렸다.
　　　(강원도라는 범위)

4. 동작의 진행을 나타낼 때(~하는 중이다) : 在 + 동사

　　　你在干什么? 뭐 하고 있니?
　　　我在吃饭。 밥 먹고 있어.

** 正在는 동작이나 상태의 지속을 강조하고자 할 때 사용한다.

了의 용법

了의 용법은 크게 두 가지로 나누어 볼 수 있습니다.

1. 동태 조사 : 동사가 나타내는 동작이나 상태의 완료를 나타낸다.

- 우리 말로 ~했다라고 해석되기 때문에 과거, 과거 시제이라고 생각하기 쉬우나 시제와는 상관없이 완료동작이면 사용이 가능합니다.

  他们都走了吗? 그들은 모두 갔습니까?

- 了는 동사의 뒤에 오거나, 문장의 맨 끝에 옵니다.
- 了 뒤에 목적어가 올 경우, 일반적으로 그 목적어는 불분명하고 불특정한 대상이 아닌 구체적인 수량사나 수식어가 오게 됩니다.

  我买了三本书。 나는 책 세 권을 샀습니다.
  我买了那本书。 나는 그 책을 샀습니다.

- 부정을 하고자 할 때는 동사 앞에 没(没有)를 쓰고 了는 생략합니다. 즉, 没와 了는 함께 사용할 수 없습니다.

  我没买那本书。

2. 어기조사 : 문장의 끝에 사용되어 "어떤 일이나 상황이 이미 발생했음"을 나타낸다.

- 下雨了。 비가 왔다.
  비가 왔다라고 해석되어, 과거시제 또는 완료로만 생각할 수 있는데, 좀 전까지는 비가 안 왔는데, 비가 내리기 시작했다는 의미로도 사용할 수 있습니다.
  다른 예문을 보면 现在他有工作了(현재 그는 일을 하고 있다), 그전까지는 일이 없었는데 현재는 일을 하고 있다는 현재의 변화를 뜻하는 것입니다. 즉, 상황이 이미 발생해 현재에는 변화가 생긴 것이죠. 我买了杂志了(나는 잡지를 샀다), 조금 전까지는 없던 잡지가 새로 생겼습니다.

- 어기조사 了를 가지고 있는 문장의 부정도 동사 앞에 没(没有)를 쓰고 了는 생략합니다.

把의 용법

원래 중국어의 일반적인 어순은 주어 + 동사 + 목적어(명사)입니다. 그런데 把를 사용해 把 + 명사, 대명사를 동사 앞에 두는 경우가 있습니다. 그 목적은 ① 특정한 목적어를 특정한 장소로 옮길 때, ② 형태를 변화시킬 때입니다. 말이 좀 어렵죠? 그럼 예를 들어보겠습니다.

我把我朋友送到公车站。 나는 내 친구를 버스 정류장까지 배웅한다.
- 친구를 버스 정류장까지(장소의 변화)

我把韩币换成人民币了。 나는 한국 돈을 인민폐로 바꾸었다
- 한국 돈이 인민폐로(형태 변화)

把를 사용하는 중국어의 일반적인 어순
주어 + 시간 + 부정사(不, 没) + 능원동사(~할 수 있다 能, 会)
+ 把+명사/대명사 + 본동사
  ~把~동사 + 成/做
  ~把~동사 + 给
  ~把~동사 + 到/在+장소

1. 명사/대명사는 특정적이어야 합니다. 즉, 대화자끼리 그 존재를 알고 있어야 합니다.
   * 我的弟弟把那本书拿走了(내 동생이 그 책을 가져갔다) – 그 책은 나도 알고 상대방도 알고

2. 심리를 나타내는 동사(슬프다, 울다, 웃다)나 습관 등은 把를 사용할 수 없습니다. – 동작을 나타내는 동사에만 사용

3. ~할 수 있다라고 하는 능원동사 能, 会는 把 앞뒤에 모두 쓰일 수 있으나 일반적으로 앞에 사용하고, 부정을 나타내는 不, 没는 반드시 把의 앞에 사용합니다.

PART 01

제시된 그림과 동사(동작) 이해하기

01

한 남자가 벽에 등을 기대고 있다

靠 (kào) 기대다, 기대고 있다

一个男人背**靠**着墙。[1]
Yí gè nán rén bèi kào zhe qiáng.

靠: 기댈(고)

어떤 사람이 머리를 긁고 있다

抓 (zhuā) 긁다, 꽉 쥐다

有人在**抓**头发。[2]
Yǒu rén zài zhuā tóu fa.

抓: 긁을(조)

형이 나에게 돈을 빌려준다

借 (jiè) 빌리다, 빌려주다

哥哥**借**钱给我。
Gē ge jiè qián gěi wǒ.

借: 빌릴(차)
给: 줄(급) ~을 주다, 당하게 하다

한 사람이 심호흡을 하고 있다

呼吸 (hū xī) 호흡하다, 숨을 쉬다

一个人在深**呼吸**。[3]
Yí gè rén zài shēn hū xī.

呼: 부를(호) ① 부르다 ② (숨을) 내쉬다
吸: 마실(흡) ① 마시다 ② 빨다 ③ (숨을) 들이 마시다

1. 背(bèi) 등, (bēi) 짊어지다, 매다 2. 头发(tóu fa) 머리카락 3. 深(shēn) 깊다, (색이) 진하다, (정이) 돈독하다

01

打扰 (dǎ rǎo) 방해하다, 폐를 끼치다

哥哥在读书⁴，不要**打扰**他。
Gē ge zài dú shū, bù yào dǎ rǎo tā.

형이 공부하고 있으니 방해하지 마라

扰: 시끄러울(요)
打는 어떤 동작을 함을 뜻하는 접두어

夹 (jiā) (둘 사이에) 집다, 끼우다

有个人用曲别针⁵**夹**住一张纸。
Yǒu gè rén yòng qū bié zhēn jiā zhù yì zhāng zhǐ.

어떤 사람이 클립으로 종이를 끼워놓다

夹: 낄(협)
用 + 도구: ~을 사용하여, ~으로
동사 뒤의 住는 동사를 고정시키는 의미입니다.

躲藏 (duǒ cáng) 숨다, 피하다

一个男孩**躲藏**在墙后面。
Yí gè nán hái duǒ cáng zài qiáng hòu miàn.

한 소년이 벽 뒤에 숨어 있다

躲: 비킬(타) ① 비키다 ② 피하다 ③ 숨다
藏: 감출(장) ① 감추다 ② 숨다

敲 (qiāo) 치다, 두드리다, 때리다

有人用手**敲**墙⁶。
Yǒu rén yòng shǒu qiāo qiáng.

어떤 사람이 손으로 벽을 친다

敲: 두드릴(고)

---

4. 读书(dú shū) 독서하다, 공부하다 5. 曲别针(qū bié zhēn) 클립 = 回形针(huí xíng zhēn) 6. 墙(qiáng) 벽

01

打开 (dǎ kāi) 열다, 풀다

一个男孩在**打开**一个小盒子。[7]
Yí gè nán hái zài dǎ kāi yí gè xiǎo hé zi.

한 소년이 작은 상자를 열고 있다

开: 열(개)
打: 어떤 동작을 함을 뜻하는 접두어

存 (cún) 존재하다, 보존하다, 저축하다

妈妈把钱**存**在银行。[8]
Mā ma bǎ qián cún zài yín háng.

어머니는 돈을 은행에 저축한다

存: 있을, 존재할(존)

擦 (cā) 닦다, 문지르다, 마찰하다

我用抹布**擦**窗。[9]
Wǒ yòng mā bù cā chuāng.

나는 걸레로 창문을 닦는다

擦: 문지를(찰)

关 (guān) 닫다

有人在**关**窗。[10]
Yǒu rén zài guān chuāng.

어떤 사람이 창문을 닫고 있다

关: 닫을(관)

---

7. 盒子(hé zi) 작은 상자 8. 银行(yín háng) 은행 9. 抹布(mā bù) 걸레, 행주 10. 窗(chuāng) 창, 창문

다음 문장에서 동사를 채워 넣으세요.

1. 一个男人背 (기대다) 着墙

2. 有人在 (긁다) 头发

3. 哥哥 (빌리다) 钱 (~에게 ~해주다) 我

4. 一个人在深 (호흡하다, 숨을 쉬다)

5. 哥哥在读书，不要 (방해하다) 他

6. 有个人用曲别针 (끼우다) 住一张纸

7. 一个男孩 (숨다) 在墙后面

8. 有人用手 (치다, 두드리다) 墙

9. 一个男孩在 (열다) 一个小盒子

10. 妈妈把钱 (저축하다) 在银行

11. 我用抹布 (닦다) 窗

12. 有人在 (닫다) 窗

야채 종류

1. 양파 — 洋葱(yáng cōng)
2. 오이 — 黄瓜(huáng guā)
3. 호박 — 西葫芦(xī hú lu)
4. 감자 — 马铃薯(mǎ líng shǔ), 土豆(tǔ dòu)
5. 당근, 홍당무 — 胡萝卜(hú luó bo)
6. 고추 — 辣椒(là jiāo)
7. 마늘 — 蒜(suàn)
8. 파 — 葱(cōng)
9. 후추 — 胡椒(hú jiāo)
10. 강남콩 — 菜豆(cài dòu)
11. 완두 — 豌豆(wān dòu)
12. 무 — 萝卜(luó bo)
13. 버섯 — 蘑菇(mó gu)
14. 고추냉이(와사비) — 辣根(là gēn)
15. 파슬리 — 欧芹(ōu qín)
16. 가지 — 茄子(qié zi)
17. 피망 — 甜椒(tián jiāo)
18. 아스파라거스 — 芦笋(lú sǔn)

친구가 주머니에서 돈을 꺼낸다

掏出 (tāo chū) 꺼내다, 끄집어 내다

朋友从口袋里**掏出**钱。
Péng you cóng kǒu dai lǐ tāo chū qián.

掏: 끄집어 낼(도)

나는 침대에 누워 있다

躺 (tǎng) 눕다, 드러눕다

我**躺**在床上。
Wǒ tǎng zài chuáng shàng.

躺: 누울(당)

나는 공원에서 달리기를 한다

跑步 (pǎo bù) 천천히 달리다

我在公园里**跑步**。
Wǒ zài gōng yuán lǐ pǎo bù.

跑: 달릴(포) ① 달리다 ② 발로 차다
步: 걸음(보)

여자들은 셀카 찍는 것을 매우 좋아한다

自拍 (zì pāi) 셀카를 찍다

女孩子很喜欢**自拍**。
Nǚ hái zi hěn xǐ huān zì pāi.

自: 스스로(자)
拍: 칠(박) ① 치다 ② (사진을)찍다

---

1. 口袋(kǒu dai) 주머니, 호주머니 2. 床(chuáng) 침대 3. 公园(gōng yuán) 공원

02

어머니가 사과를 쟁반 위에 놓다

放 (fàng) 놓다

妈妈把苹果**放**在盘子[4]上。
Mā ma bǎ píng guǒ fàng zài pán zi shàng.

放: 놓을(방)

여동생이 머리카락을 빗고 있다

梳 (shū) 빗다, 빗질하다

妹妹在**梳**头发。
Mèi mei zài shū tóu fa.

梳: ① 얼레빗(소) ② (머리)빗을(소)

운전할 때는 반드시 안전띠를 매야 한다

系 (jī) 매다, 묶다

开车一定要**系**安全带[5]。
Kāi chē yí dìng yào jī ān quán dài.

系: ① 계통(계) ② 이을(계) ③ 묶을(계)

나는 전화를 받고 있다

接电话 (jiē diàn huà) 전화를 받다

我在**接电话**。
Wǒ zài jiē diàn huà.

接: ① 이을(접) ② 접촉할(접)

---

4. 盘子(pán zi) 쟁반   5. 安全带(ān quán dài) (비행기나 자동차의) 안전벨트

동생이 혀를 내민다

伸出 (shēn chū) (밖으로) 내밀다

弟弟**伸出**他的舌头[6]。
Dì di shēn chū tā de shé tou.

伸: ① 펼(신) ② 내밀을(신)

식사하기 전에는 꼭 손을 씻어야 한다

洗 (xǐ) 씻다

吃饭前，一定要**洗**手。
Chī fàn qián, yí dìng yào xǐ shǒu.

洗: 씻을(세)
예) 洗脸(xǐliǎn) 세수하다, 洗脚(xǐjiǎo) 발을 씻다

엄마는 밥을 짓고, 나는 설거지를 한다

烧饭 (shāo fàn) 밥을 짓다

妈妈在**烧饭**，我在洗碗。
Mā ma zài shāo fàn, wǒ zài xǐ wǎn.

烧: 불 사를(소)
洗碗(xǐ wǎn): 설거지하다

엄마가 나에게 가방을 가져오라고 한다

拿过来 (ná guò lái) 가져오다

妈妈让我把包包[7]**拿过来**。
Mā ma ràng wǒ bǎ bāo bāo ná guò lái.

拿(ná): 잡을(나)
过来(guò lái): 동사 뒤에 쓰여 사람이나 사물이 자신의 쪽으로 다가옴을 뜻함

---

6. 舌头(shé tou) 혀   7. 包包(bāo bāo) 가방

02

다음 문장에서 동사를 채워 넣으세요.

① 朋友从口袋里 (꺼내다) 钱

② 我 (눕다) 在床上

③ 我在公园里 (달리기 하다)

④ 女孩子很喜欢 (셀카를 찍다)

⑤ 妈妈把苹果 (놓다) 在盘子上

⑥ 妹妹在 (빗다) 头发

⑦ 开车一定要 (매다) 安全带

⑧ 我在 (전화를 받다)

⑨ 弟弟 (내밀다) 他的舌头

⑩ 吃饭前，一定要 (손을 씻다)

⑪ 妈妈在 (밥을 하다)，我在 (설거지를 하다)

⑫ 妈妈让我把包包 (가져오다)

과일 종류

1. 사과 — 苹果(píng guǒ)
2. 배 — 梨(lí)
3. 포도 — 葡萄(pú táo)
4. 바나나 — 香蕉(xiāng jiāo)
5. 파인애플 — 菠萝(bō luó)
6. 수박 — 西瓜(xī guā)
7. 오렌지 — 橙(chéng)
8. 레몬 — 柠檬(níng méng)
9. 딸기 — 草莓(cǎo méi)
10. 망고 — 芒果(máng guǒ)
11. 복숭아 — 桃(táo)
12. 석류 — 石榴(shí liu)
13. 앵두 — 樱桃(yīng táo)
14. 감 — 柿子(shì zi)
15. 참외 — 甜瓜(tián guā)
16. 토마토 — 番茄(fān qié)
17. 자두 — 李子(lǐ zi)
18. 살구 — 杏(xìng)

03

트럭 한 대가 교통신호를 위반하고 있다

闯红灯 (chuǎng hóng dēng) 신호를 위반하다

一辆卡车¹在**闯红灯**。
Yí liàng kǎ chē zài chuǎng hóng dēng.

闯: 불쑥 뛰어들(틈)
红灯(hóng dēng): 빨간 신호등

형이 재채기를 하고 있다

打喷嚏 (dǎ pēn tì) 재채기를 하다

哥哥在**打喷嚏**。
Gē ge zài dǎ pēn tì.

喷: 뿜을(분), 향기 짙을(분)
嚏: 재채기(체)
打는 어떤 동작을 함을 뜻하는 접두어

한 남자가 음식을 주문하고 있다

点菜 (diǎn cài) 요리(음식)를 주문하다

一个人在**点菜**。
Yí gè rén zài diǎn cài.

点: 점(점), 점의 여러 가지 뜻 중에 "주문하다"의 뜻
菜: 나물(채), 음식이나 요리의 총칭
菜单(cài dān): 메뉴, 메뉴판

사람들이 줄을 서서 버스에 오르고 있다

排队 (pái duì) 줄을 서다

人们在**排队**上公交车²。
Rén men zài pái duì shàng gōng jiāo chē.

排: 줄(배)
队: 무리(대)
上(shàng): 오르다

1. 卡车(kǎ chē) 트럭 2. 公交车(gōng jiāo chē) (대중교통) 버스

아버지가 왔다 갔다 하고 있다

来回走动 (lái huí zǒu dòng) 왔다 갔다 하다

爸爸正在**来回走动**着。
Bà ba zhèng zài lái huí zǒu dòng zhe.

来: 올(래)　　回: 올(회)
走: 달릴(주)　动: 움직일(동)

나는 ATM에서 돈을 인출한다

取钱 (qǔ qián) 돈을 인출하다

我在自动提款机³上**取钱**。
Wǒ zài zì dòng tí kuǎn jī shàng qǔ qián.

取: ① 가질(취) ② 취할(취)

나는 휴대폰을 가져오는건 잊었다

忘记 (wàng jì) 잊다

我**忘记**带⁴手机⁵。
Wǒ wàng jì dài shǒu jī.

忘: 잊을(망)
记: 기억할(기), 기록할(기)

나는 차를 몰고 드라이브 한다

兜风 (dōu fēng) 드라이브하다

我开着车⁶**兜风**去了。
Wǒ kāi zhe chē dōu fēng qù le.

兜: 투구(두), 그루터기(두) ① 호주머니, 자루 ② 빙 돌다, 맴돌다
风: 바람(풍)

---

3. 自动提款机(zì dòng tí kuǎn jī) 자동 현금인출기　4. 带(dài) 지니다, 휴대하다　5. 手机(shǒu jī) 휴대폰　6. 开车(kāi chē) 차를 몰다, 운전하다

03

汇款 (huì kuǎn) 송금하다

我去银行给爸妈汇款。
Wǒ qù yín háng gěi bà mā huì kuǎn.

汇: ① 어음환(회) ② 무리(휘)
款: ① 항목(관) ② 정성(관) ③ 돈, 경비(관)
예전에는 송금을 위해서 우체국이나 은행에서 어음 환으로 부쳤음

나는 은행에 가서 부모님에게 돈을 송금한다

趴着睡 (pā zhe shuì) 엎드려 자다

中午[7]太困，我趴着睡了一会儿。
Zhōng wǔ tài kùn, wǒ pā zhe shuì le yí huì ér.

趴: 엎드릴(파)

정오에 너무 졸려서 잠시 엎드려 잤다

穿反 (chuān fǎn) (옷을) 뒤집어 입다 (신발을) 거꾸로 신다

他把衣服穿反了。
Tā bǎ yī fu chuān fǎn le.

穿: 뚫을(천) ① 관통하다 ② 통과하다 ③ (옷을) 입다
    ④ (신발을) 신다
反: 돌이킬(반) ① 거꾸로의 ② 뒤집다 ③ 반대하다

그 사람은 옷을 거꾸로 입었다

赊账 (shē zhàng) 외상으로 사고 팔다

本店谢绝[8]赊账。
Běn diàn xiè jué shē zhàng.

赊: 세 낼(사) ① 세내다 ② (외상으로)거래하다 ③ 아득하다
账: 휘장(장) ① 휘장 ② 군막, 천막 ③ 장부, 치부책

이 가게는 외상을 사절합니다

7. 中午(zhōng wǔ) 정오, 낮12시쯤   8. 谢绝(xiè jué) 사절하다, 정중히 거절하다

다음 문장에서 동사를 채워 넣으세요.

1. 一辆卡车在 (신호를 위반하다)

2. 哥哥在 (재채기 하다)

3. 一个人在 (음식을 주문하다)

4. 人们在 (줄을 서다) 上公交车

5. 爸爸正在 (왔다 갔다 하다) 着

6. 我在自动提款机上 (돈을 인출하다)

7. 我 (잊다) 带手机

8. 我开着车 (드라이브 하다) 去了

9. 我去银行给爸妈 (송금하다)

10. 中午太困，我 (엎드려 자다) 了一会儿

11. 他把衣服 (거꾸로 입다) 了

12. 本店谢绝 (외상하다)

가족관계

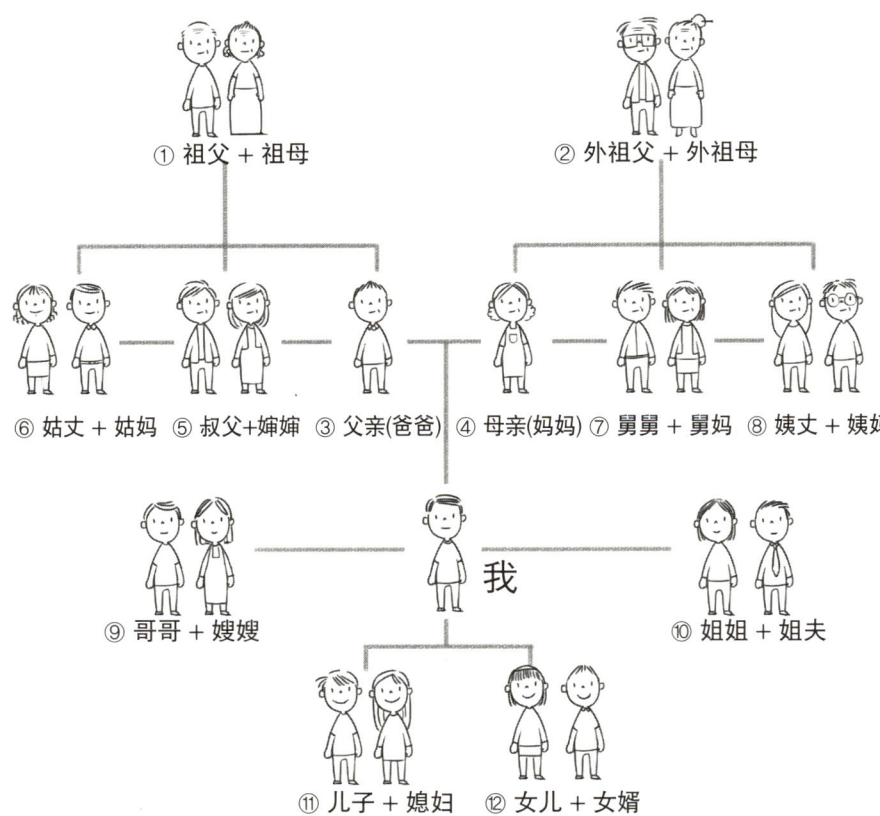

① 祖父 + 祖母(zǔ fù + zǔ mǔ)：할아버지 + 할머니

② 外祖父 + 外祖母(wài zǔ fù + wài zǔ mǔ)：외할아버지 + 외할머니

③ 父亲(fù qīn)：아버지(=爸爸 bà ba)

④ 母亲(mǔ qīn)：어머니(=妈妈 mā ma)

⑤ 叔父 + 婶婶 (shū fù + shěn shen)：작은아버지(삼촌) + 작은어머니(숙모)

⑥ 姑妈 + 姑丈(gū mā + gū zhàng)：고모 + 고모부

⑦ 舅舅 + 舅妈(jiù jiu + jiù mā)：외삼촌 + 외숙모

⑧ 姨妈 + 姨丈(yí mā + yí zhàng)：이모 + 이모부

⑨ 哥哥 + 嫂嫂(gē ge + sǎo sao)：형 + 형수

⑩ 姐姐 + 姐夫(jiě jie + jiě fū)：누나 + 매형

⑪ 儿子 + 媳妇(ér zi + xí fù)：아들 + 며느리

⑫ 女儿 + 女婿(nǚ'er + nǚ xù)：딸 + 사위

04

拉开 (lā kāi) 끌어당겨 열다

동생이 문을 끌어당겨 열고 있다

弟弟在拉开门。
Dì di zài lā kāi mén.

拉: 끌(납)
开: 열(개)

摘 (zhāi) (식물의 꽃 등을) 따다, (쓰거나 걸려 있는 것을) 벗다

어떤 사람이 모자를 벗고 있다

有人正在摘帽子[1]。
Yǒu rén zhèng zài zhāi mào zi.

*摘: 딸(적) ① 따다 ② 벗다, 떼다

握手 (wò shǒu) 악수하다

두 사람이 악수하고 있다

两个人在握手。
Liǎng gè rén zài wò shǒu.

握: 쥘(악)
手: 손(수)

吹 (chuī) (입으로) 힘껏 불다

형이 휘파람으로 노래를 부르고 있다

哥哥用口哨[2]吹出一首歌儿。
Gē ge yòng kǒu shào chuī chū yì shǒu gē er.

吹: 불(취)
吹口琴(chuī kǒu qín): 하모니카를 불다
吹风(chuī fēng): 바람이 불다

1. 帽子(mào zi) 모자 2. 口哨(kǒu shào) 휘파람

04

나는 업무보고서를 부장님에게 제출한다

提交给 (tí jiāo gěi) ~에게 제출하다

我把业务报告³**提交给**部长。
Wǒ bǎ yè wù bào gào tí jiāo gěi bù zhǎng.

提: 끌(제) ① 끌어 올리다 ② 제시하다 ③ (손에) 들다
　　④ 거느리다
交: 사귈(교) ① 사귀다 ② 건네다

동생이 쓰레기를 책상 위에 쏟는다

倒 (dào) 쏟아 붓다

弟弟把垃圾⁴**倒**在桌子上。
Dì di bǎ lā jī dào zài zhuō zi shàng.

*倒: 넘어질(도) ① 넘어지다 ② 거꾸로 되다 ③ 쓰러지다
　　④ 파손하다 ⑤ 실패하다

어떤 사람이 모자를 쓰고 있다

戴 (dài) (모자를) 쓰다

有个人在**戴**帽子。
Yǒu gè rén zài dài mào zi.

*戴: 일(대) ① 이다, 머리에 올려놓다 ② 들다 ③ 받들다

슈퍼마켓에서는 빵, 음료, 과일 등을 판매한다

卖 (mài) 팔다, 판매하다

超市**卖**面包⁵，饮料⁶，水果⁷等。
Chāo shì mài miàn bāo, yǐn liào, shuǐ guǒ děng.

卖: 팔(매)
买: 살(매)
销售(xiāo shòu): 팔다, 판매하다

---

3. 业务报告(yè wù bào gào) 업무(사업)보고서　4. 垃圾 (lā jī) 쓰레기　5. 面包(miàn bāo) 빵　6. 饮料(yǐn liào) 음료　7. 水果(shuǐ guǒ) 과일

04

挑 (tiāo) 고르다, 선택하다

我去商店随便挑了一个手表。
Wǒ qù shāng diàn suí biàn tiāo le yí gè shǒu biǎo.

나는 가게에 가서 마음대로 손목시계를 하나 골랐다

挑: 집어낼(도)

天黑 (tiān hēi) 날이 어두워지다, 해지다

他工作到天黑。
Tā gōng zuò dào tiān hēi.

그는 날이 어두워질 때까지 일을 한다

起身 (qǐ shēn) (누워있거나 앉아있다가) 일어나다

一个人起身坐着。
Yí gè rén qǐ shēn zuò zhe.

한 사람이 몸을 일으켜 일어나 앉는다

洗澡 (xǐ zǎo) 목욕하다, 샤워를 하다

我每天洗澡。
Wǒ měi tiān xǐ zǎo.

나는 매일 샤워를 한다

澡: 씻을(조)

8. 商店(shāng diàn) 상점 9. 随便(suí biàn) 마음대로 10. 手表(shǒu biǎo) 손목시계

다음 문장에서 동사를 채워 넣으세요.

1. 弟弟在 (끌어당겨 열다) 门

2. 有人正在 (벗다) 帽子

3. 两个人在 (악수하다)

4. 哥哥用口哨 (불다) 出一首歌儿

5. 我把业务报告 (~에게 제출하다) 部长

6. 弟弟把垃圾 (쏟아 붓다) 在桌子上

7. 有个人在 (쓰다) 帽子

8. 超市 (팔다) 面包，饮料，水果等

9. 我去商店随便 (고르다) 了一个手表

10. 他工作到 (날이 어두워지다)

11. 一个人 (일어나다, 몸을 일으키다) 坐着

12. 我每天 (샤워하다)

04

가전제품

1	전기 밥솥	电饭煲(diàn fàn bāo)
2	세탁기	洗衣机(xǐ yī jī)
3	헤어 드라이어	吹风机(chuī fēng jī)
4	토스트 오븐	烤炉(kǎo lú)
5	냉장고	电冰箱(diàn bīng xiāng)
6	선풍기	电风扇(diàn fēng shàn)
7	다리미	电熨斗(diàn yùn dǒu)
8	에어컨	空调(kōng tiáo)
9	가스레인지	煤气灶(méi qì zào)
10	TV	电视(diàn shì)
11	노트북 컴퓨터	笔记本电脑(bǐ jì běn diàn nǎo)
12	데스크 탑 컴퓨터	台式电脑(tái shì diàn nǎo)

중국에 진출한 FAST FOOD & COFFEE SHOP

1	맥도날드	麦当劳(mài dāng láo)
2	KFC	肯德基(kěn dé jī)
3	피자 헛	必胜客(bì shèng kè)
4	스타 벅스	星巴克(xīng bā kè)
5	파리 바케트	巴黎贝甜(bā lí bèi tián)
6	카페 베네	咖啡陪你(kā fēi péi nǐ)
7	하겐다즈	哈根达斯(hā gēn dá sī)

어머니가 밥 주걱으로 밥을 푼다

盛饭 (chéng fàn) 밥을 푸다

妈妈用饭勺¹**盛饭**。
Mā ma yòng fàn sháo chéng fàn.

盛: 담을(성), 넣을(성)

식당에서 남은 음식은 포장해서 가져갈 수 있다

打包 (dǎ bāo) 포장하다

餐厅²吃饭剩下的菜，可以**打包**带走³。
Cān tīng chī fàn shèng xià de cài, kě yǐ dǎ bāo dài zǒu.

包: 쌀(포)
打는 어떤 동작을 함을 뜻하는 접두어

그는 교통사고를 당해서 부상을 입었다

受伤 (shòu shāng) 부상을 당하다, 상처 입다

他遇到了交通事故，**受了伤**。
Tā yù dào le jiāo tōng shì gù, shòu le shāng.

受: 받을(수), 당할·입을(수)
伤: 다칠(상)
遇到(yù dào): (주로 어려운 일을) 당하다, 만나다, 봉착하다

한국의 화장품은 중국에서 매우 인기가 있다

受欢迎 (shòu huān yíng) 인기가 있다

韩国的化妆品⁴在中国很**受欢迎**。
Hán guó de huà zhuāng pǐn zài zhōng guó hěn shòu huān yíng.

欢: 기쁠(환)
迎: 맞이할(영)

---

1. 饭勺(fàn sháo) 밥주걱 2. 餐厅(cān tīng) 식당 3. 带走(dài zǒu) 가지고 가다 4. 化妆品(huà zhuāng pǐn) 화장품

05

친구가 나에게 쪽지를 한 여자에게
전달해 달라고 한다

转交给 (zhuǎn jiāo gěi) ~에게 전달하다

朋友请我把便条**转交给**一个女孩子。
Péng you qǐng wǒ bǎ biàn tiáo zhuǎn jiāo gěi yí gè nǚ hái zi.

转: 돌(전)
交: 사귈(교), 건넬(교)

이 커피점의 커피는 TAKE-OUT할 수 있다

外带 (wài dài) TAKE-OUT하다

这家咖啡店的咖啡，可以外带。
Zhè jiā kā fēi diàn de kā fēi, kě yǐ wài dài.

外: 바깥(외)
带: ① 띠, 벨트(대) ② 지닐, 휴대할(대)

어머니는 언제나 빨래를 꽉 짜서 내다넌다

拧干 (nǐng gān) 짜(서 물기를 없애)다

妈妈总是把洗的衣服**拧干**后晾出去。
Mā ma zǒng shì bǎ xǐ de yī fu nǐng gān hòu liàng chū qù.

拧: 비틀(녕)　　干(乾): 마를(건), 방패(간)
洗衣服: 빨래를 하다　　洗的衣服: 빨래한 옷

어머니가 나에게 옷의 단추를 모두
채우라고 하신다

扣扣子 (kòu kòu zi) 단추를 채우다

妈妈让我把衣服上的扣子全部扣好。
Mā ma ràng wǒ bǎ yī fu shàng de kòu zi quán bù kòu hǎo.

扣: 단추(구), 구류할(구) ① 걸어서 채우는 동작에 쓰임
　　② 금액을 공제할 때도 사용
解开扣子(jiě kāi kòu zi): 단추를 끄르다

---

5. 便条(biàn tiáo) 쪽지, 메모　6. 咖啡(kā fēi) 커피　7. 晾(liàng) 말리다

공공 장소에서는 껌을 씹지 마라

嚼 (jiáo) 씹다

不要在公共场所**嚼**口香糖[8]。
Bù yào zài gōng gòng chǎng suǒ jiáo kǒu xiāng táng.

嚼: 씹을(작)

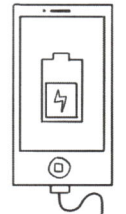

핸드폰 배터리가 없을 땐 충전해야 한다.

充电 (chōng diàn) 충전하다

手机没电的时候，需要**充电**。
Shǒu jī méi diàn de shí hou, xū yào chōng diàn.

充: 채울(충)
电: 번개, 전기(전)

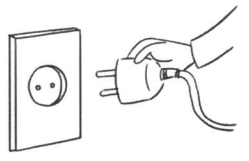

플러그를 콘센트에 끼우면, 전기가 바로 통한다

插 (chā) 끼워 넣다, 꽂다

插头**插**到**插**座上，电路就能接通[9]。
Chā tóu chā dào chā zuò shàng, diàn lù jiù néng jiē tōng.

插: 끼울(삽)
插头(chā tóu): 플러그
插座(chā zuò): 콘센트

동생이 책상을 밀고 있다

推 (tuī) 밀다

弟弟在**推**桌子。
Dì di zài tuī zhuō zi.

推: 밀(추)

8. 口香糖(kǒu xiāng táng) 껌 9. 接通(jiē tōng) 연결되다

05

다음 문장에서 동사를 채워 넣으세요.

1. 妈妈用饭勺 (밥을 푸다)

2. 餐厅吃饭剩下的菜，可以 (포장하다) 带走

3. 他遇到了交通事故， (부상을 입다)

4. 韩国的化妆品在中国很 (인기가 있다)

5. 朋友请我把便条 (~에게 전달하다) 一个女孩子

6. 这家咖啡店的咖啡，可以 (Take-Out하다)

7. 妈妈总是把洗的衣服 (비틀어 짜다) 后晾出去

8. 妈妈让我把衣服上的扣子全部 (단추를 채우다) 好

9. 不要在公共场所 (씹다) 口香糖

10. 手机没电的时候，需要 (충전하다)

11. 插头 (끼우다, 삽입하다) 到插座上，电路就能接通

12. 弟弟在 (밀다) 桌子

자동차 브랜드 이름

1	Rolls-royce	劳斯莱斯(láo sī lái sī)
2	Bentley	宾利(bīn lì)
3	Lamborghini	兰博基尼(lán bó jī ní)
4	Ferrari	法拉利(fǎ lā lì)
5	Porsche	保时捷(bǎo shí jié)
6	Mercedez-Benz	奔驰(bēn chí)
7	BMW	宝马(bǎo mǎ)
8	Lincoln	林肯(Lín kěn)
9	Cadilac	凯迪拉克(kǎi dí lā kè)
10	Jaguar	美洲虎(měi zhōu hǔ)
11	Land rover	陆虎(lù hǔ)
12	Audi	奥迪(ào dí)
13	Volvo	沃尔沃(wò ěr wò)
14	Peugeuot	标致(biāo zhì)
15	Toyota	丰田(fēng tián)
16	Honda	本田(běn tián)
17	Nissan	尼桑(ní sāng)
18	Chevrolet	雪佛兰(xuě fú lán)
19	Mazda	马自达(mǎ zì dá)

06

摔倒 (shuāi dǎo) (몸이 균형을 잃고) 넘어지다, 쓰러지다

我脚底下一滑¹，摔倒了。
Wǒ jiǎo dǐ xià yī huá, shuāi dǎo le.

나는 발 밑이 미끄러워 넘어졌다

摔: 내던질(솔) ① 내던지다 ② (중심을 잃고) 넘어지다, 쓰러지다

照镜子 (zhào jìng zi) 거울을 보다

女孩子很喜欢照镜子。
Nǚ hái zi hěn xǐ huān zhào jìng zi.

여자들은 거울 보는 것을 매우 좋아한다

照: 비출(조)
镜子(jìng zi): 거울

送 (sòng) 배웅하다, 전송하다, 데려다 주다, 선물하다

我把朋友送到公车站²。
Wǒ bǎ péng you sòng dào gōng chē zhàn.

나는 친구를 버스 정류장까지 배웅한다

送: 보낼(송)

苦恼 (kǔ nǎo) 고민하다

我在苦恼应该走哪条路。
Wǒ zài kǔ nǎo yīng gāi zǒu nǎ tiáo lù.

나는 어느 길로 가야 되는지 고민하고 있다

苦: 쓸(고) ① (맛이) 쓰다 ② 힘들다 ③ 고통스럽다
脑: 뇌(뇌)

1. 滑(huá) 매끄럽다, 반들반들하다   2. 公车站(gōng chē zhàn) 버스정류장

06

형이 주식 투자를 하고 있다

炒股票 (chǎo gǔ piào) 주식투자를 하다

哥哥在**炒股票**。
Gē ge zài chǎo gǔ piào.

炒: 볶을(초) ① (기름 따위로) 볶다 ② 투기하다 ③ 해고하다
股票(gǔ piào): 주식

나는 영어 단어를 외우고 있다

背 (bèi) 외우다, (名) 등

我在**背**英语单词[3]。
Wǒ zài bèi yīng yǔ dān cí.

背: 등(배) ① 등 ② (사물의) 뒷면 ③ 외우다, 암기하다

동생이 비를 맞고 집에 간다

淋雨 (lín yǔ) 비를 맞다

弟弟**淋**着**雨**回家。
Dì di lín zhe yǔ huí jiā.

淋: 물 뿌릴(림) ① (물이나 액체에) 젖다 ② (물이나 액체를) 뿌리다

오토바이를 탈 때는 헬멧을 써야 한다

骑 (qí) (동물, 자전거, 오토바이 등을) 타다

骑摩托车一定要戴头盔[4]。
Qí mó tuō chē yí dìng yào dài tóu kuī.

骑: 말 탈(기)
두 다리를 벌려서 타는 도구에는 骑를 사용

3. 单词(dān cí) 단어 4. 头盔(tóu kuī) 헬멧

06

下来 (xià lái) (위에서) 내려오다

一个人正在从二楼**下来**。
Yí gè rén zhèng zài cóng èr lóu xià lái.

한 사람이 2층에서 내려오고 있다

给A看B (gěi A kàn B) A에게 B를 보여주다

哥哥**给**朋友**看**自己的照片。
Gē ge gěi péng you kàn zì jǐ de zhào piān.

형이 친구에게 자신의 사진을 보여준다

转向 (zhuǎn xiàng) 방향을 바꾸다

我把电扇**转向**女朋友。
Wǒ bǎ diàn shàn zhuǎn xiàng nǚ péng you.

나는 선풍기를 여자친구 쪽으로 돌린다

转: 돌(전) 돌다, 회전하다
向: 향할(향)

失眠 (shī mián) 잠을 이루지 못하다

晚上喝了一杯浓咖啡，终于**失眠**了。
Wǎn shàng hē le yì bēi nóng kā fēi, zhōng yú shī mián le.

저녁에 진한 커피를 마셨더니, 결국 잠을 이루지 못했다

失: 잃을(실)
眠: 잠 잘(면)

---

5. 照片(zhào piān) 사진 6. 电扇(diàn shàn) 선풍기 7. 浓(nóng) 진하다, 농후하다 8. 终于(zhōng yú) 결국

다음 문장에서 동사를 채워 넣으세요.

① 我脚底下一滑，(중심을 잃고 넘어지다) 了

② 女孩子很喜欢 (비추어 보다) 镜子

③ 我把朋友 (배웅하다) 到公车站

④ 我在 (고민하다) 应该走哪条路

⑤ 哥哥在 (주식 투자를 하다)

⑥ 我在 (외우다) 英语单词

⑦ 弟弟 (젖다) 着雨回家

⑧ (타다) 摩托车一定要戴头盔

⑨ 一个人正在从二楼 (내려 오다)

⑩ 哥哥 (~에게) 朋友 (보여주다) 自己的照片

⑪ 我把电扇 (방향을 돌리다) 女朋友

⑫ 晚上喝了一杯浓咖啡，终于 (잠을 이루지 못하다) 了

자동차 관련 용어

1. Rear view mirror 백미러 — 后视镜(hòu shì jìng)
2. Front wheel 앞 타이어 — 前轮(qián lún)
3. Rear wheel 뒤 타이어 — 后轮(hòu lún)
4. Wiper 와이퍼 — 雨刮器(yǔ guā qi)
5. Bonnet 본 네트 — 发动机盖(fā dòng jī gài)
6. Trunk 트렁크 — 行李箱(xíng lǐ xiāng)
7. Gear stick 변속기 — 变速杆(biàn sù gǎn)
8. Break pedal 브레이크 페달 — 刹车踏板(shā chē tà bǎn)
9. Head light 헤드 라이트 — 头灯(tóu dēng)
10. Rear light 후미등 — 尾灯(wěi dēng)
11. Battery 배터리 — 蓄电池(xù diàn chí)
12. Steering wheel 핸들 — 方向盘(fāng xiàng pán)
13. Bumper 범퍼 — 保险杠(bǎo xiǎn gàng)
14. Stop lamp 브레이크 등 — 刹车灯(shā chē dēng)
15. Speedometer 속도계 — 速度表(sù dù biǎo)
16. Radiator 라디에이터 — 散热器(sàn rè qi)
17. Gas tank 기름탱크 — 油箱(yóu xiāng)
18. Driver's seat 운전석 — 驾驶席(jià shǐ xí)

한 사람이 몸을 돌리고 있다

转身 (zhuǎn shēn) 몸을 돌리다
몸의 방향을 바꾸다

一个人正在**转身**。
Yí gè rén zhèng zài zhuǎn shēn.

转: 돌(전)
身: 몸(신)

나는 여자친구에게 선물을 준다

送 (sòng) 선물하다

我把礼物[1]**送**给女朋友。
Wǒ bǎ lǐ wù sòng gěi nǚ péng you.

送: 보낼(송) ① 배웅하다 ②선물하다 ③ 주다, 증정하다

한 사람이 눈을 뜨고 있다

睁开 (zhēng kāi) (눈을) 뜨다

一个人正在**睁开**眼睛[2]。
Yí gè rén zhèng zài zhēng kāi yǎn jing.

睁: 눈 크게 뜰(정)
开: 열(개)

관중이 박수치고 있다

鼓掌 (gǔ zhǎng) 박수치다, 손뼉치다

观众[3]在**鼓掌**。
Guān zhòng zài gǔ zhǎng.

鼓: 북(고) ① 북 ② 북을 치다(두드리다) ③ (악기 등을) 타다
掌: 손바닥(장)

1. 礼物(lǐ wù) 선물 2. 眼睛(yǎn jing) 눈 3. 观众(guān zhòng) 관중, 구경꾼

07

나는 파란 불이 켜지기를 기다리고 있다

等 (děng) : 기다리다

我等着绿灯亮。
Wǒ děng zhe lǜ dēng liàng.

等: 저울(등), 등급(등), 기다릴(등)
红绿灯(hóng lǜ dēng): 신호등
等着红灯改变 : 신호대기하다

모든 사람은 일요일을 고대한다

期盼 (qī pàn) 기대하다, 바라다

每个人都期盼星期天。
Měi gè rén dōu qī pàn xīng qī tiān.

期: 기약할(기) ① 시기 ② 기한 ③ 바라다, 기대하다
盼: 볼(반) ① 보다 ② 바라다

음식점 종업원이 상을 치우고 있다

收拾 (shōu shi) 수습하다, 치우다

餐厅服务员在收拾桌子。
Cān tīng fú wù yuán zài shōu shi zhuō zi.

收: 거둘(수) ① 받다, 접수하다 ② 회수하다, 거두어 들이다
拾: 주을(습) ① 줍다, 집다 ② 정리하다, 수습하다

두 여학생이 수다를 떨고 있다

聊天 (liáo tiān) 잡담, 한담, 채팅(을 하다)

两个女学生在聊天。
Liǎng gè nǚ xué shēng zài liáo tiān.

聊: 한담할(료)

---

4. 绿灯(lǜ dēng) 파란 불 5. 服务员(fú wù yuán) 종업원

07

형이 동생에게 성질을 낸다

发脾气 (fā pí qi) 화내다, 성질 내다, 짜증내다

哥哥向弟弟**发脾气**。
Gē ge xiàng dì di fā pí qi.

发: 쏠(발) ① 보내다, 건네주다 ② 쏘다 ③ 발생하다, 생기다
脾气: 성격, 성질, 성미

너무 배가 불러서 더 이상 못 먹는다

吃不下 (chī bú xià) 더 이상 먹을 수 없다

吃太饱，**吃不下**了。
Chī tài bǎo, chī bu xià le.

不下: 동사 뒤에 쓰여 동작을 완성하지 못했거나 결과가 없음을 뜻함. 이 경우 먹어서 내려 보낼 수가 없음을 뜻한다

어떤 사람이 하품을 하고 있다

打哈欠 (dǎ hā qian) 하품을 하다

有人在**打哈欠**。
Yǒu rén zài dǎ hā qian.

哈: 웃는 소리 (합) ① 의성어, 하하(哈哈) ② 숨을 내쉬다, 입김을 불다
欠: 하품(흠)   打는 어떤 동작을 행함을 뜻하는 접두어

도둑이 경찰이 방비하지 않는 틈을 타 도망쳤다

逃跑 (táo pǎo) 도망치다, 달아나다

小偷趁着警察不备**逃跑**了。
Xiǎo tōu chèn zhe jǐng chá bú bèi táo pǎo le.

趁着: ① ~을 틈 타 ② (시산, 기회 등을) 이용하여
不备: 방비하지 않다
逃: 달아날(도)   跑: 달릴(포)

---

6. 小偷(xiǎo tōu) 도둑   7. 警察(jǐng chá) 경찰

07

다음 문장에서 동사를 채워 넣으세요.

① 一个人正在 (몸을 돌리다)

② 我把礼物 (주다, 증정하다) 给女朋友

③ 一个人在 (음식을 주문하다)

④ 观众在 (박수치다)

⑤ 我 (기다리다) 着绿灯亮

⑥ 每个人都 (고대하다) 星期天

⑦ 餐厅服务员在 (치우다, 정리하다) 桌子

⑧ 两个女学生在 (한담하다, 수다떨다)

⑨ 哥哥向弟弟 (화를 내다)

⑩ 吃太饱, (먹을 수 없다)

⑪ 有人在 (하품하다)

⑫ 小偷趁着警察不备 (도망가다) 了

운동 경기

1. Basketball 농구 — 篮球(lán qiú)
2. Volleyball 배구 — 排球(pái qiú)
3. Soccer 축구 — 足球(zú qiú)
4. Tennis 테니스 — 网球(wǎng qiú)
5. Baseball 야구 — 棒球(bàng qiú)
6. Handball 핸드볼 — 手球(shǒu qiú)
7. Golf 골프 — 高尔夫球(gāo ěr fū qiú)
8. Table tennis 탁구 — 乒乓球(pīng pāng qiú)
9. Badminton 배드민턴 — 羽毛球(yǔ máo qiú)
10. Ice hockey 아이스하키 — 冰球(bīng qiú)
11. Hockey 하키 — 曲棍球(qū gùn qiú)
12. American football 미식축구 — 橄榄球(gǎn lǎn qiú)

08

이따금 물구나무 서기 하면
혈액순환에 도움이 된다

倒立 (dào lì) 물구나무서다

偶尔**倒立**，可以帮助血液循环。
Ǒu ěr dào lì, kě yǐ bāng zhù xuè yè xún huán.

倒: 거꾸로(도)
立: 설(립)

그는 다른 사람의 숙제를 베껴 쓴다

抄写 (chāo xiě) 베껴쓰다

他在**抄写**别人的作业。
Tā zài chāo xiě bié rén de zuò yè.

抄: 베낄(초)
写: 쓸(사)

나는 바닥을 쓸고 있다

扫地 (sǎo dì) 바닥(땅)을 쓸다

我在扫地。
Wǒ zài sǎo dì.

扫: 쓸(소)

고속도로에서 앞차를 추월하는 것은
매우 위험하다

超车 (chāo chē) 앞 차를 추월하다

在高速公路上**超车**，是很危险的。
Zài gāo sù gōng lù shàng chāo chē, shì hěn wēi xiǎn de.

超: 넘을(초) ① 초과하다 ② 넘어서다

---

1. 血液(xuè yè) 혈액   2. 循环(xún huán) 순환하다

08

나는 선생님하고 면담하고 있다

面谈 (miàn tán) 면담하다

我在和老师**面谈**。
Wǒ zài hé lǎo shī miàn tán.

面: 낯, 얼굴(면)
谈: 말할(담)

상점주인이 나에게 돈을 거슬러 주다

找零钱 (zhǎo líng qián) 잔돈을 거스르다

商店的老板**找零钱**给我。
Shāng diàn de lǎo bǎn zhǎo líng qián gěi wǒ.

找: 찾을(조) ① 찾다 ② 거슬러 주다 ③ 보충하다
零: 영(령) ① 0, 제로(ZERO) ② 사소한, 소량의 ③ 끝수, 나머지, 우수리
钱: 돈(전)

그는 손을 들고 있다

举手 (jǔ shǒu) 손을 들다

他在**举手**。
Tā zài jǔ shǒu.

举: 들(거)
举起手는 일반적으로 손을 들어 자신의 위치나 존재를 알릴 때,
举手는 학교에서 선생님을 향해 손을 들 때 사용합니다.

보행자는 길 옆으로 붙어 걷는다

靠边 (kào biān) (길)옆으로 붙다, 비키다

行人³**靠边**走。
Xíng rén kào biān zǒu.

靠: 기댈(고) ① 기대다 ② 접근하다
边: 가장자리(변)

3. 行人(xíng rén) 행인, 보행자

08

나는 상자 하나를 택배 아저씨에게 건네 준다

交给 (jiāo gěi) ~에게 건네주다

我把一个盒子[4]**交给**快递师傅[5]。
Wǒ bǎ yí gè hé zi jiāo gěi kuài dì shī fu.

交: 사귈(교) ① 사귀다 ② 건네다
给: ① (~에게) ~를 주다 ② ~를 당하게 하다
③ (~에게) ~하도록 하다 ④ ~를 시키다

아버지가 버스 손잡이를 꽉 잡는다

抓紧 (zhuā jǐn) 꽉 쥐다, 단단히 잡다

爸爸**抓紧**公交车上的扶手[6]。
Bà ba zhuā jǐn gōng jiāo chē shàng de fú shǒu.

抓: 움켜쥘(조) ① 꽉 쥐다 ② 긁다, 할퀴다
紧: 팽팽할(긴) ① 팽팽하다 ② 단단하다 ③ (옷 등이) 너무 작다, 꼭 끼다

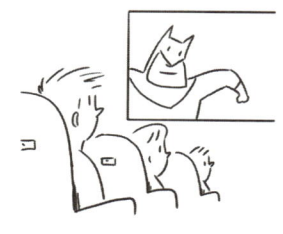

극장에서는 영화를 상영한다

放映 (fàng yìng) 방영하다, 상영하다

电影院[7]**放映**电影。
Diàn yǐng yuàn fàng yìng diàn yǐng.

放: 놓을(방) ① 놓아주다, 풀어주다 ② 방영하다, 방송하다
③ (학교나 직장이) 쉬다, 놀다
映: 비출(영), 반사할(영)

나는 출장을 가려고 준비 중이다

出差 (chū chāi) 출장을 가다

我正在准备**出差**。
Wǒ zhèng zài zhǔn bèi chū chāi.

出: 나갈(출)
差: 보낼(차) ① (사람을) 보내다, 파견하다 ② (임무수행을 위해) 파견된 사람

---

4. 盒子(hé zi) 작은 상자 5. 快递师傅(kuài dì shī fu) 택배아저씨 6. 扶手(fú shǒu) 손잡이 7. 电影院(diàn yǐng yuàn) 영화관

다음 문장에서 동사를 채워 넣으세요.

1. 偶尔 (물구나무 서다)，可以帮助血液循环

2. 他在 (베끼다) 别人的作业

3. 我在 (바닥을 쓸다)

4. 在高速公路上 (추월하다)，是很危险的

5. 我在和老师 (면담하다)

6. 商店的老板 (잔돈을 거슬르다) 给我

7. 他在 (손을 들다)

8. 行人 (한쪽에 붙다) 走

9. 我把一个盒子 (~에게 건네주다) 快递师傅

10. 爸爸 (꽉 쥐다, 꽉 붙잡다) 公交车上的扶手

11. 电影院 (상영하다) 电影

12. 我正在准备 (출장가다)

간단한 병명(病名)

1. 감기 — 感冒(gǎn mào)
2. 인후통 — 咽喉痛(yān hóu tòng)
3. 관절염 — 关节炎(guān jié yán)
4. 두통 — 头痛(tóu tòng)
5. 편두통 — 偏头痛(piān tóu tòng)
6. 간암 — 肝癌(gān ái)
7. 폐암 — 肺癌(fèi ái)
8. 치통 — 牙痛(yá tòng)
9. 충치 — 龋齿(qǔ chǐ)
10. 이를 뽑다 — 拔牙(bá yá)
11. 심장병 — 心脏病(xīn zàng bìng)
12. 비염 — 鼻炎(bí yán)
13. 요통 — 腰痛(yāo tòng)
14. 생리통 — 经痛(jīng tòng)
15. 골수염 — 骨髓炎(gǔ suǐ yán)
16. 당뇨병 — 糖尿病(táng niào bìng)

고무줄로 머리를 묶다

扎头发 (zā tóu fa) 머리를 묶다

用橡皮筋[1]把**头发扎**起来。
Yòng xiàng pí jīn bǎ tóu fa zā qǐ lái.

扎: 묶을(찰)

나는 아침에 일어나 기지개를 켜는 게 습관이 되었다

伸懒腰 (shēn lǎn yāo) 기지개를 켜다

我习惯早上起来**伸懒腰**。
Wǒ xí guàn zǎo shàng qǐ lái shēn lǎn yāo.

伸: 펼(신)
懒: 게으를(라) ① 게으르다 ② 피곤하다, 지치다
腰: 허리(요)

나는 기타를 치고, 친구는 노래를 부르고 있다

弹吉它 (tán jí tā) 기타를 치다

我在**弹吉他**，朋友在唱歌。
Wǒ zài tán jí tā, péng you zài chàng gē.

弹: 탈(탄) ① (악기를) 타다, 뜯다
吉他(jí tā): 기타

엄마가 빵을 오래 두었더니 곰팡이가 피었다

发霉 (fā méi) 곰팡이가 피다

妈妈把面包放了很久，**发霉**了。
Mā ma bǎ miàn bāo fàng le hěn jiǔ, fā méi le.

霉: 썩을(매), 곰팡이(패)

---

1. 橡皮筋(xiàng pí jīn) 고무줄

09

加 / 减 (jiā, jiǎn) 더하기, 빼기

1+2=3
5-3=2

一**加**二等于三
Yī jiā èr děng yú sān

五**减**三等于二
Wǔ jiǎn sān děng yú èr

乘以 / 除以 (chéng yǐ, chú yǐ) 곱하기, 나누기

2×3=6
6÷2=3

二**乘以**三等于六
Èr chéng yǐ sān děng yú liù

六**除以**二等于三
Liù chú yǐ èr děng yú sān

充交通卡 (chōng jiāo tōng kǎ) 교통카드를 충전하다

나는 교통카드를 충전하러 간다

我去**充交通卡**。
Wǒ qù chōng jiāo tōng kǎ.

充: 찰(충) ① 가득하다 ② 보충하다 ③ 가득채우다
交通卡(jiāo tōng kǎ): 교통카드

吃零食 (chī líng shí) 군것질 하다, 간식을 먹다

군것질도 많이 먹으면 살이 찔 수 있다

如果多**吃零食**，会发胖[2]。
Rú guǒ duō chī líng shí, huì fā pàng.

零: 영(령) ① 0, 제로(ZERO) ② 사소한, 소량의
　　③ 끝 수, 나머지, 우수리
食: 먹을(식)

2. 发胖(fā pàng) 살찌다

09

슈퍼에서는, 먼저 물건을 사고 나중에 돈을 지불한다

付钱 (fù qián) 돈을 지불하다

在超市³, 先买东西, 后**付钱**。
Zài chāo shì, xiān mǎi dōng xi, hòu fù qián.

付: 줄(부) ① 교부하다 ② (돈을) 지불하다

친구에게 술을 따라준다

倒酒 (dào jiǔ) 술을 따르다

我给朋友**倒酒**。
Wǒ gěi péng you dào jiǔ.

倒: 거꾸로(도) ① 거꾸로 되다 ② 상반되는, 반대되는 ③ 붓다, 따르다, 쏟다

뒤에서 남의 뒷담화하지 마라

在背后谈论别人 (zài bèi hòu tán lùn bié rén) 뒷담화하다

不要**在背后谈论别人**。
Bù yào zài bèi hòu tán lùn bié rén.

背: 등(배)　后: 뒤(후)
谈: 말할(담)　论: 말할(론)

어린아이는 어른에게 말 대꾸하면 안 된다

顶嘴 (dǐng zuǐ) 말 대꾸하다

小孩不要和大人**顶嘴**。
Xiǎo hái bù yào hé dà rén dǐng zuǐ.

顶: 꼭대기(정) ① 꼭대기 ② 머리로 받치다 ③ (머리, 뿔로) 들이받다 ④ (아래로부터) 위로 내밀다 ⑤ 반박하다, 대들다, 맞서다
嘴: 부리(취) 입의 총칭

---

3. 超市(chāo shì) 슈퍼마켓, 마트

09

다음 문장에서 동사를 채워 넣으세요.

① 用橡皮筋把头发 (묶다) 起来

② 我习惯早上起来 (기지개 켜다)

③ 我在 (치다, 켜다) 吉他，朋友在唱歌

④ 妈妈把面包放了很久，(곰팡이가 피다)了

⑤ 我去 (충전하다, 보충하다) 交通卡

⑥ 如果多 (군것질 하다, 간식을 먹다)，会发胖

⑦ 在超市，先买东西，后 (돈을 지불하다)

⑧ 我给朋友 (술을 따르다)

⑨ 不要 (뒤에서 뒷담화 하다)

⑩ 小孩不要和大人 (말대꾸하다)

기상과 관련된 용어

1. 晴(qíng) — 맑음
2. 晴转多云(qíng zhuǎn duō yún) — 맑았다 흐림
3. 多云(duō yún) — 구름 많음
4. 阴(yīn) — 흐림
5. 小雨(xiǎo yǔ) — 가랑비
6. 中雨(zhōng yǔ) — 강우량이 중급 정도의 비
7. 大雨(dà yǔ) — 호우
8. 暴雨(bào yǔ) — 폭우, 소나기
9. 雷阵雨(léi zhèn yǔ) — 천둥과 번개를 동반한 비
10. 雨夹雪(yǔ jiā xuě) — 진눈깨비
11. 小雪(xiǎo xuě) — 적은 양의 눈
12. 中雪(zhōng xuě) — 중급 정도의 눈
13. 雾(wù) — 안개
14. 冰雹(bīng báo) — 우박
15. 霜冻(shuāng dòng) — 서리
16. 暴雪(bào xuě) — 폭설
17. 雨转晴(yǔ zhuǎn qíng) — 비온 뒤 갬

10

계산원이 현금으로 할건지 카드로 할건지 묻는다

刷卡 (shuā kǎ) 카드로 결제하다

收银员¹问我现金²付款还是**刷卡**。
Shōu yín yuán wèn wǒ xiàn jīn fù kuǎn hái shì shuā kǎ.

刷: 닦을(쇄) ① 솔, 브러시 ② 솔질하다 ③ (의성어) 휙, 홱(빠르게 지나가는 소리)
卡: 음역자(가) ① 카드 ② 트럭(卡车)

내차는 할부로 산 것이다

分期付款 (fēn qī fù kuǎn) 분할지급, 할부

我的车是用**分期付款**方式³来买的。
Wǒ de chē shì yòng fēn qī fù kuǎn fāng shì lái mǎi de.

分: 나눌(분)　期: 기약할(기)
付: 줄(부)　款: 돈(관)

이 영화는 매우 인기가 있어서 입장권을 살 수 없다

买门票 (mǎi mén piào) 입장권을 사다

这部电影很受欢迎，**门票**都买不到。
Zhè bù diàn yǐng hěn shòu huān yíng, mén piào dōu mǎi bú dào.

门: 문(문)　票: 표(표)
门票(mén piào): 입장권
买+不到: 동사(买)의 행위에 이르지 못하다, 도달하지 못하다

모르는 게 있으면 많이 물어봐야 한다

提问 (tí wèn) 질문하다

不明白⁴的问题，要多多**提问**。
Bù míng bai de wèn tí, yào duō duō tí wèn.

提: 들(제) ① 끌어올리다 ② 제시, 제출하다 ③ 찾다, 꺼내다 ④ 말을 꺼내다, 언급하다
问: 물을(문)

---

1. 收银员(shōu yín yuán) 계산원, 수납원 2. 现金(xiàn jīn) 현금 3. 方式(fāng shì) 방식 4. 明白(míng bai) 알다, 이해하다

10

출·퇴근시간에는 차가 매우 막힌다

堵车 (dǔ chē) 차가 막히다

上下班时间**堵车**很严重。
Shàng xià bān shí jiān dǔ chē hěn yán zhòng.

堵: 담(도) ① 가로막다 ② 답답하다, 우울하다 ③ 담, 울타리를 세는 단위

대로를 건널 때는 반드시 횡단보도로 가야 한다

人行横道 (rén xíng héng dào) 횡단보도

过马路一定要走**人行横道**。
Guò mǎ lù yí dìng yào zǒu rén xíng héng dào.

人: 사람(인)　行: 갈(행)
横: 가로(횡)　道: 길(도)

이 식당은 별로이다, 음식이 나오는데 한 시간이 걸린다

上菜 (shàng cài) 음식을 내오다

这家餐厅一般，**上菜**需要一个小时。
Zhè jiā cān tīng yì bān, shàng cài xū yào yí gè xiǎo shí.

上: 위(상) 여러 가지 의미 중 '(요리를) 내오다'의 뜻
菜: 나물(채) 요리의 총칭

아버지가 화가 나서 부들부들 떨다

发抖 (fā dǒu) (벌벌) 떨다

爸爸气得**发抖**。
Bà ba qì de fā dǒu.

发: 쏠(발) ① 보내다, 발송하다 ② 발생하다, 생기다 ③ (의견, 생각) 나타내다 ④ 행동을 취하다
抖: 떨(두)　吓(xià)得发抖: 무서워서 떨다

---

5. 上下班(shàng xià bān) 출퇴근하다　6. 严重(yán zhòng) (정도가) 심하다　7. 过马路(guò mǎ lù) 큰길을 건너다

10

아버지가 우산을 쓰고 있다

撑雨伞 (chēng yǔ sǎn) 우산을 쓰다

爸爸撑着一把伞。
Bà ba chēng zhe yì bǎ sǎn.

撑: 버틸(탱) ① 받치다, 괴다 ② 펼치다, 펴다

나는 병 뚜껑을 힘주어 돌려 연다

拧 (nǐng) 틀다, 비틀어 돌리다

我把瓶盖⁸用力⁹**拧**开。
Wǒ bǎ píng gài yòng lì nǐng kāi.

拧: 비틀(녕) ① 비틀어 돌리다, 틀다 ② 틀어지다, 어긋나다

동생이 두 다리를 들어 올리고 있다

抬起 (tái qǐ) 들어 올리다

弟弟正在**抬起**两条腿¹⁰。
Dì di zhèng zài tái qǐ liǎng tiáo tuǐ.

抬: 맞들(대) ① (두 사람 이상이) 맞들다, 함께 들다 ② 들어올리다, 쳐들다
抬头(tái tóu): 고개를 들다

나는 저녁에 쓰레기통을 집 밖에 둔다

留 (liú) 남겨두다 보관하다, 머무르다

晚上，我把垃圾桶¹¹**留**在家外面。
Wǎn shàng, wǒ bǎ lā jī tǒng liú zài jiā wài miàn.

留: 머무를(류) ① 머무르다 ② 보존하다 ③ 남기다, 물려주다

---

8. 瓶盖(píng gài) 병마개, 병뚜껑 9. 用力(yòng lì) 힘을 내다 10. 腿(tuǐ) 다리 11. 垃圾桶(lā jī tǒng) 쓰레기통

다음 문장에서 동사를 채워 넣으세요.

① 收银员问我现金付款还是 (카드로 결제하다)

② 我的车是用 (할부, 분할지급) 方式来买的

③ 这部电影很受欢迎，(입장권) 都 (살수가 없다)

④ 不明白的问题，要多多 (질문하다)

⑤ 上下班时间 (차가 막히다) 很严重

⑥ 过马路一定要 (횡단보도를 건너다)

⑦ 这家餐厅一般，(요리가 나오다) 需要一个小时

⑧ 爸爸气得 (떨다)

⑨ 爸爸 (받치다, 펼치다) 着一把伞

⑩ 我把瓶盖用力 (비틀어 돌리다) 开

⑪ 弟弟正在 (들어 올리다) 起两条腿

⑫ 晚上，他把垃圾桶 (남겨두다) 在家外面

10

중국의 기념일

① 元旦(yuán dàn) — 양력 1월 1일, 양력 설날

② 春节(chūn jié) — 음력 1월 1일, 음력 설날

③ 元宵节(yuán xiāo jié) — 음력 1월 15일, 정월 대보름

④ 国际劳动妇女节(guó jì láo dòng fù nǚ jié) — 3월 8일, 국제 여성의 날

⑤ 植树节(zhí shù jié) — 3월 12일, 식목일

⑥ 邮政节(yóu zhèng jié) — 3월 20일, 우편의 날

⑦ 清明节(qīng míng jié) — 4월 5일, 청명절

⑧ 国际劳动节(guó jì láo dòng jié) — 5월 1일, 노동절

⑨ 中国青年节(zhōng guó qīng nián jié) — 5월 4일, 청년의 날

⑩ 端午节(duān wǔ Jié) — 음력 5월 5일, 단오절

⑪ 中国共产党成立纪念日(zhōng guó gòng chǎn dǎng chéng lì jì niàn rì) — 7월 1일, 중국 공산당 성립 기념일

⑫ 中秋节(zhōng qiū jié) — 음력 8월 15일, 추석

⑬ 教师节(jiào shī jié) — 9월 10일, 스승의 날

⑭ 重阳节(chóng yáng jié) — 음력 9월 9일, 중양절

⑮ 国庆节(guóqìngjié) — 10월 1일, 국경일

어떤 사람이 곁눈질로 몰래 예쁜 아가씨를 힐끔 본다

瞟了一眼 (piǎo le yì yǎn) 곁눈질하다 힐끔 곁쳐다보다

有人偷偷地**瞟了一眼**那个漂亮的女孩。
Yǒu rén tōu tōu de piǎo le yì yǎn nà ge piào liang de nǚ hái.

瞟: 곁눈질할(표)

인터넷으로 산 물건은 반품할 수 있다

退货 (tuì huò) 반품하다

网上买的东西可以**退货**。
Wǎng shàng mǎi de dōng xi kě yǐ tuì huò.

退: 물러날(퇴) ① 물러나다 ② 반환하다 ③ 내리다, 줄어들다
货: 재화(화) ① 상품 ② 물건

많은 사람들이 광장에 모여있다

聚集 (jù jí) 모이다, 집결하다

广场上**聚集**了很多人。
Guǎng chǎng shàng jù jí le hěn duō rén.

聚: 모일(취)
集: 모일(집)

상자가 너무 무거워서 옮길 수 없다

搬 (bān) (비교적 크고, 무거운걸) 옮기다, 운반하다

箱子太重，我**搬**不动。
Xiāng zi tài zhòng, wǒ bān bú dòng.

搬: 옮길(반)
동사 + 不动: 동사 뒤에 쓰여 동작이 효과가 없음을 뜻함

---

1. 偷偷地(tōu tōu de) 몰래, 넌지시 2. 广场(guǎng chǎng) 광장 3. 箱子(xiāng zi) 상자, 궤짝

11

拥抱 (yōng bào) 껴안다, 포옹하다

아빠가 아이를 껴안고 있다

爸爸在**拥抱**孩子。
Bà ba zài yōng bào hái zi.

拥: 안을(옹)
抱: 안을(포)

烧水 (shāo shuǐ) 물을 끓이다

형이 물을 끓이고 있다

哥哥在**烧水**。
Gē ge zài shāo shuǐ.

烧: 불사를(소) ① 태우다 ② 끓이다

跪 (guì) (무릎을) 꿇다

나는 땅에 무릎을 꿇고 기도를 한다

我**跪**在地上祈祷[4]。
Wǒ guì zài dì shàng qí dǎo.

跪: 꿇어앉을(궤)

眨 (zhǎ) (눈을) 깜박거리다.

동생이 왼쪽 눈으로 윙크한다

弟弟**眨**左眼。
Dì di zhǎ zuǒ yǎn.

眨: 눈 깜박할(잡)
一眨眼(yì zhǎ yǎn): 눈 깜짝할 사이

4. 祈祷(qí dǎo) 기도하다

나는 직업을 구하고 있다

找 (zhǎo) 찾다, 구하다

我在**找**工作。
Wǒ zài zhǎo gōng zuò.

找: 찾을(조)

동생이 감기 걸려서 콧물을
흘리고 있다

流鼻涕 (liú bí tì) 콧물을 흘리다

弟弟感冒了，还**流鼻涕**。
Dì di gǎn mào le, hái liú bí tì.

流: 흐를(류)
鼻: 코(비)
涕: 눈물(체)

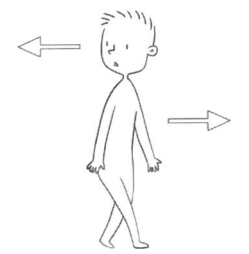

그 사람이 뒤돌아 보고 있다

回头 (huí tóu) (뒤로) 고개를 돌리다

他在**回头**看。
Tā zài huí tóu kàn.

回: 되돌아올(회)
头: 머리(두)

형이 코를 골고 있다

打呼噜 (dǎ hū lu) 코를 골다

哥哥在**打呼噜**。
Gē ge zài dǎ hū lu.

呼: 부를(호) ① 부르 ② 숨을 내쉬다 ③ 호, 후(입김 내는 소리)
噜: 말할(로)

5. 感冒(gǎn mào) 감기, 감기에 걸리다

11

다음 문장에서 동사를 채워 넣으세요.

① 有人偷偷地 (곁눈질 하다) 了一眼那个漂亮的女孩

② 网上买的东西可以 (반품하다)

③ 广场上 (모이다, 운집하다) 了很多人

④ 箱子太重，我 (옮길수 없다)

⑤ 爸爸在 (껴앉다, 포옹하다) 孩子

⑥ 哥哥在 (물을 끓이다)

⑦ 我 (무릎꿇다) 在地上祈祷

⑧ 弟弟 (깜박거리다, 윙크하다) 左眼

⑨ 我在 (찾다) 工作

⑩ 弟弟感冒了，还 (콧물을 흘리다)

⑪ 他在 (고개를 돌리다) 看

⑫ 哥哥在 (코를 골다)

중국에 있는 대형 마트

1. Wal Mart — 沃尔玛(wò ěr mǎ)
2. Carrefour — 家乐福(jiā lè fú)
3. Auchan — 欧尚(ōu shàng)
4. TESCO — 乐购(lè gòu)
5. METRO — 麦德龙(mài dé lóng)
6. RT-Mart — 大润发(dà rùn fā)
7. Century Mart — 世纪联华(shì jì lián huá)

음료수 명칭

1. 咖啡(kā fēi) — 커피
2. 可乐(kě lè) — 콜라
3. 牛奶(niú nǎi) — 우유
4. 红茶(hóng chá) — 홍차
5. 乌龙茶(wū lóng chá) — 우롱차
6. 龙井茶(lóng jǐng chá) — 용정차
7. 柠檬汁(níng méng zhī) — 레몬쥬스
8. 啤酒(pí jiǔ) — 맥주
9. 矿泉水(kuàng quán shuǐ) — 생수

12

여동생이 춤을 추고 있다

跳舞 (tiào wǔ) 춤을 추다

妹妹在**跳舞**。
Mèi mei zài tiào wǔ.

跳: 뛸(도)
舞: 춤출(무)

사람들은 휴대폰을 휴대 하는 것이 이미 습관이 되었다

习惯 (xí guàn) 습관이 되다

人们**习惯**把手机带¹在身边²。
Rén men xí guàn bǎ shǒu jī dài zài shēn biān.

习: 익힐(습) ①배우다 ② 익숙하다 ③ 습관
惯: 버릇(관)

신체를 단련하는 것은 매우 중요하다

锻炼 (duàn liàn) 단련하다

锻炼身体是非常重要³的。
Duàn liàn shēn tǐ shì fēi cháng zhòng yào de.

锻: 벼릴(단) ① (쇠)를 불리다 ② 두드리다
炼: 정련할(련) ① 정련하다 ② 녹이다, (불로) 달구다

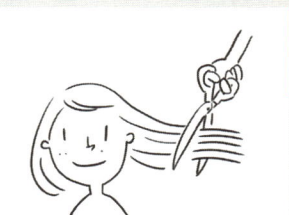
한 여자아이가 머리카락을 자르고 있다

剪 (jiǎn) 자르다, 깎다

一个女孩在**剪**头发。
Yí gè nǚ hái zài jiǎn tóu fa.

剪: 자를(전)
剪指甲(jiǎn zhǐ jia): 손톱을 깎다

---

1. 带(dài) 몸에 지니다, 휴대하다 2. 身边(shēn biān) 몸, 신상 3. 重要(zhòng yào) 중요하다

12

생선 가시가 목 안에 걸리다

卡 (qiǎ) 걸리다, 끼이다

鱼刺⁴**卡**在我嗓子⁵里。
Yú cì qiǎ zài wǒ sǎng zi lǐ.

卡: 관문(잡) ① 초소, 검문소 ② 끼다, 걸리다

형이 날이 밝을 때까지 책을 본다

天亮 (tiān liàng) 동이 트다, 날이 밝다

哥哥读书到**天亮**。
Gē ge dú shū dào tiān liàng.

亮: 밝을(량)

나는 매일 아침 늦잠을 잔다

睡懒觉 (shuì lǎn jiào) 늦잠을 자다

我每天早上**睡懒觉**。
Wǒ měi tiān zǎo shàng shuì lǎn jiào.

懒: 게으를(라)
觉: 잠(교)

아빠가 땅바닥에 쪼그려 앉아 담배를 핀다

蹲 (dūn) 쪼그려 앉다

爸爸**蹲**在地上吸烟⁶。
Bà ba dūn zài dì shàng xī yān.

蹲: 쪼그릴(준)

---

4. 鱼刺(yú cì) 생선가시 5. 嗓子(sǎng zi) 목소리, 목구멍 6. 吸烟(xī yān) 담배를 피다, 흡연하다

12 **67**

12

형이 의자에 앉아 멍하게 있다

发呆 (fā dāi) 멍하다, 넋을 잃다

哥哥坐在椅子上发呆。
Gē ge zuò zài yǐ zi shàng fā dāi.

呆: 어리석을(태), 머무를(대)
你要呆多久?: 얼마나 머무실 겁니까?

동생이 입을 벌리고 있다

张开 (zhāng kāi) 벌리다, 펼치다

弟弟在张开嘴。
Dì di zài zhāng kāi zuǐ.

张: 넓힐(장) ① 넓히다 ② 열다

삶은 계란은 소금을 찍어 먹을 수 있다

蘸 (zhàn) 찍다, 묻히다

煮鸡蛋可以蘸着盐吃。
Zhǔ jī dàn kě yǐ zhàn zhe yán chī.

蘸 : 담글(잠) ① 찍다, 묻히다

요즘은 핸드폰으로 인터넷을 할 수 있다

上网 (shàng wǎng) 인터넷을 하다

现在用手机可以上网。
Xiàn zài yòng shǒu jī kě yǐ shàng wǎng.

网: 그물(망) ① 그물 ② 조직, 계통, 망 ③ 인터넷

7. 煮(zhǔ) 삶다, 익히다 8. 鸡蛋(jī dàn) 계란, 달걀

다음 문장에서 동사를 채워 넣으세요.

1. 妹妹在 (춤을 추다)

2. 人们 (습관이 되다) 把手机带在身边

3. (단련하다) 身体是非常重要的

4. 一个女孩在 (자르다) 头发

5. 鱼刺 (끼이다) 在我嗓子里

6. 哥哥读书到 (날이 밝다)

7. 我每天早上 (늦잠을 자다)

8. 爸爸 (쭈그려 앉다) 在地上吸烟

9. 哥哥坐在椅子上 (멍하다)

10. 弟弟在 (벌리다) 嘴

11. 煮鸡蛋可以 (찍다, 묻히다) 着盐吃

12. 现在用手机可以 (인터넷을 하다)

12

신체의 각 명칭

① 头(tóu) 머리
② 头发(tóu fa) 머리카락
③ 额头(é tóu) 이마
④ 眉毛(méi mao) 눈썹
⑤ 眼睛(yǎn jing) 눈
⑥ 耳朵(ěr duo) 귀
⑦ 鼻子(bí zi) 코
⑧ 嘴巴(zuǐ ba) 뺨
⑨ 嘴(zuǐ) 입
⑩ 唇(chún) 입술
⑪ 牙齿(yá chǐ) 치아
⑫ 下巴(xià ba) 턱
⑬ 脖子(bó zi) 목
⑭ 肩膀(jiān bǎng) 어깨
⑮ 胸(xiōng) 가슴
⑯ 乳房(rǔ fáng) 유방

⑰ 肚子(dù zi) 배
⑱ 肚脐(dù qí) 배꼽
⑲ 腰(yāo) 허리
⑳ 臂肘(bì zhǒu) 팔꿈치
㉑ 手腕(shǒu wàn) 손목
㉒ 手(shǒu) 손
㉓ 手指头(shǒu zhǐ tou) 손가락
㉔ 手指甲(shǒu zhǐ jiǎ) 손톱
㉕ 屁股(pì gu) 궁둥이
㉖ 大腿(dà tuǐ) 허벅지
㉗ 膝盖(xī gài) 무릎
㉘ 腿(tuǐ) 다리
㉙ 脚脖子(jiǎo bó zi) 발목
㉚ 脚(jiǎo) 발
㉛ 脚指头(jiǎo zhǐ tou) 발가락
㉜ 脚指甲(jiǎo zhǐ jiǎ) 발톱

나는 수염을 깎고 있다

刮 (guā) 깎다, 긁어내다, 벗기다

我在**刮**胡须。[1]
Wǒ zài guā hú xū.

刮: 바람 불(괄), 깎을 (괄)

거스름돈을 세어보니 천원이 차이가 난다

数 (shǔ) 세다, 헤아리다, 수

我**数**了**数**找回[2]的钱，还差[3]一千元。
Wǒ shǔ le shǔ zhǎo huí de qián, hái chà yī qiān yuán.

数: 헤아릴(수)
중국어의 동사를 중첩해서 쓰는 이유는 ① 동작에 소요되는 시간이 짧을 때 ② 시험 삼아 해 본 때 ③ 동작의 정도를 가볍게 할 때

앞의 사람이 너무 빨리 뛰어서 쫓아 갈수가 없다

赶不上 (gǎn bú shàng) 쫓아 가지 못하다
비교가 안 되다, ~할 틈이 없다

前面的人跑得太快，我**赶不上**。
Qián miàn de rén pǎo de tài kuài, wǒ gǎn bú shàng.

赶: 쫓을(간)
不上: 동사 뒤에 보어로 쓰여 ~을 할 수 없다

나는 편의점에서 아르바이트 한다

打工 (dǎ gōng) 아르바이트(일)를 하다

我在便利店**打工**。[4]
Wǒ zài biàn lì diàn dǎ gōng.

工: 장인(공) ① 장인 ② 작업, 노동, 일 ③ 공사

1. 胡须(hú xū) 수염 2. 找回(zhǎo huí) 거슬러 받다 3. 差(chà) 부족하다, 모자라다, 차이가 나다 4. 便利店(biàn lì diàn) 편의점

13

나는 주유소에서 기름을 넣고 있다

加油 (jiā yóu) 기름을 넣다

我在加油站**加油**。[5]
Wǒ zài jiā yóu zhàn jiā yóu.

加: 더할(가)
油: 기름(유)

우리 얘기에 다른 사람이 계속
말 참견한다

插嘴 (chā zuǐ) 말 참견하다

我们说话时，他一直**插嘴**。
Wǒ men shuō huà shí, tā yì zhí chā zuǐ.

插: 끼울(삽) ① 끼우다 ② 끼워 들다
嘴: 부리(취) 입의 속칭

나는 심심할 때 휴대폰을 가지고 논다

无聊 (wú liáo) 심심하다, 따분하다

无聊的时候，我玩手机。
Wú liáo de shí hòu, wǒ wán shǒu jī.

无: 없을(무)
聊: 한담할(료)

모든 사람은 자신의 고향을 그리워한다

想念 (xiǎng niàn) 그리워하다

每个人都**想念**自己的家乡[6]。
Měi gè rén dōu xiǎng niàn zì jǐ de jiā xiāng.

想: 생각할(상)
念: 소리내어 욀(념), 생각할(념), 그리워할(념)

---

5. 加油站(jiā yóu zhàn) 주유소 6. 家乡(jiā xiāng) 고향

13

자기보다 나이 어린 사람을 무시하면 안 된다

看不起 (kàn bu qǐ) 무시하다, 깔보다

不要**看不起**比自己年纪小的人。
Bù yào kàn bu qǐ bǐ zì jǐ nián jì xiǎo de rén.

看: 볼(간)
不起: 동사 뒤에 쓰여 역량이 부족하여 ~할 수 없음을 뜻함

시내에는 새로 짓는 아파트가 많이 있다

盖 (gài) (건물, 가옥을) 짓다, 건축하다

市区⁷有很多新**盖**的公寓⁸。
Shì qū yǒu hěn duō xīn gài de gōng yù.

盖: 덮을(개)
盖章(gài zhāng): 도장을 찍다

비가 오는 날엔 택시 타고 집에 간다

打的 (dǎ dī) 택시를 타다(잡다)

下雨天⁹，我**打的**回家。
Xià yǔ tiān, wǒ dǎ dī huí jiā.

어머니는 남은 음식을 버리기 아까워 한다

舍不得 (shě bu dé) ~하기 아깝다
헤어지기 섭섭하다, 미련이 남다

妈妈**舍不得**扔掉¹⁰剩下¹¹的菜。
Mā ma shě bu dé rēng diào shèng xià de cài.

舍: 버릴(사)
不得: (동사, 형용사 뒤에 쓰여) ~할 수 없다, ~해서는 안 된다

---

7. 市区(shì qū) 시내, 시내지역 8. 公寓(gōng yù) 아파트 9. 下雨天(xià yǔ tiān) 비오는 날 10. 扔掉(rēng diào) 버리다 11. 剩下(shèng xià) 남다, 남기다

13

다음 문장에서 동사를 채워 넣으세요.

① 我在 (깎다) 胡须

② 我 (세다) 了数找回的钱，还差一千元

③ 前面的人跑得太快，我 (쫓아 갈수 없다, 따라 갈수 없다)

④ 我在便利店 (아르바이트하다)

⑤ 我在加油站 (주유하다, 기름 넣다)

⑥ 我们说话时，他一直 (말 참견하다)

⑦ (심심하다) 的时候，我玩手机

⑧ 每个人都 (그리워하다) 自己的家乡

⑨ 不要 (무시하다, 깔보다) 比自己年纪小的人

⑩ 市区有很多新 (짓다, 건축하다) 的公寓

⑪ 下雨天，我 (택시 타다) 回家

⑫ 妈妈 (~하기 아깝다) 扔掉剩下的菜

오락, 게임 명칭

1. 电影(diàn yǐng) — 영화
2. 戏剧(xì jù) — 연극
3. 钓鱼(diào yú) — 낚시
4. 象棋(xiàng qí) — 장기
5. 围棋(wéi qí) — 바둑
6. 麻将(má jiàng) — 마작
7. 马戏(mǎ xì) — 곡마
8. 桥牌(qiáo pái) — 카드게임

스포츠에 관련한 용어

1. 冠军(guàn jūn) — 우승
2. 亚军(yà jūn) — 준우승
3. 季军(jì jūn) — 3위
4. 金牌(jīn pái) — 금메달
5. 银牌(yín pái) — 은메달
6. 铜牌(tóng pái) — 동메달
7. 亚运会(yà yùn huì) — 아시안 게임
8. 奥运会(ào yùn huì) — 올림픽 게임
9. 循环赛(xún huán sài) — 리그전
10. 锦标赛(jǐn biāo sài) — 토너먼트

14

요즘은 많은 사람들이 애완동물을 키운다

养宠物 (yǎng chǒng wù) 애완동물을 키우다

最近很多人养宠物。
Zuì jìn hěn duō rén yǎng chǒng wù.

养: 기를(양)
宠物(chǒng wù): 애완동물, 반려동물

요즘 불경기여서 장사가 안 된다

不景气 (bù jǐng qì) 불경기이다

最近市场不景气，生意[1]不好。
Zuì jìn shì chǎng bù jǐng qì, shēng yì bù hǎo.

景: 풍경(경) ① 풍경, 배경 ② 현상, 상황
气: 기운, 기세(기)

그 사람은 하루 종일 기침해서 얼굴이 빨개졌다

咳嗽 (ké sou) 기침하다

他整天咳嗽，脸[2]都红了。
Tā zhěng tiān ké sou, liǎn dōu hóng le.

咳: 부르는 소리(해)
嗽: 기침할(수)

영화관 표가 전부 매진되었다

卖光 (mài guāng) 매진되다, 남김없이 팔리다

电影院的票都卖光了。
Diàn yǐng yuàn de piào dōu mài guāng le.

光: 동사 뒤에 쓰여 '하나도 없다, 아무것도 없이 텅 비다'의 뜻
用光了: 다 쓰다

1. 生意(shēng yì) 장사 2. 脸(liǎn) 얼굴

물을 마신 후 병뚜껑을 닫아야 한다

盖盖子 (gài gài zi) 뚜껑을 닫다

喝完水，要把瓶盖³盖上。
Hē wán shuǐ, yào bǎ píng gài gài shàng.

盖: 덮을(개)

나는 매일 아침에 로션크림 바른다

涂 (tú) (화장품, 페인트 등을) 바르다, 칠하다

我每天早上涂护肤⁴面霜⁵。
Wǒ měi tiān zǎo shàng tú hù fū miàn shuāng.

涂: 진흙(도) ① 진흙 ② 바르다, 칠하다
涂口红: 립스틱을 바르다

누나는 맞선 본 남자가 맘에 안 든다

相亲 (xiāng qīn) 맞선을 보다, 소개팅 하다

姐姐对**相亲**的人不满意。
Jiě jie duì xiāng qīn de rén bù mǎn yì.

相: 서로(상)
亲: 친할(친) ① 가깝다, 친하다 ② 입 맞추다 ③ 친척, 인척

두 사람이 싸우려고 하는 태세이다

打架 (dǎ jià) 싸우다

两个人有**打架**的架势⁶。
Liǎng gè rén yǒu dǎ jià de jià shì.

架: 시렁(가) ① 선반, 시렁, 골조 ② 지탱하다, 버티다, 받치다
　　　　　　③ 싸우다 ④ 납치하다, 유괴하다
打: 어떤 행위를 함을 나타내는 접두어

---

3. 瓶盖(píng gài) 병마개, 병뚜껑 4. 护肤(hù fū) 피부를 보호하다 5. 面霜(miàn shuāng) 로션크림 6. 架势(jià shì) 자세, 태세, 모양

14

그 사람은 옷에 있는 먼지를 털어 냈다

掸 (dǎn) (먼지 등을) 털다, 털어내다

他**掸**掉衣服上的灰尘[7]。
Tā dǎn diào yī fu shàng de huī chén.

掸: 털(담)

세 개를 사면 하나를 무료로 더 준다

免费 (miǎn fèi) 무료로 하다

买三个，可以**免费**送一个。
Mǎi sān gè, kě yǐ miǎn fèi sòng yí gè.

免: 면할(면)
费: 쓸(비) ① 비용 ② 소비하다

이번 시합에서 두 팀이 또 비겼다

打平 (dǎ píng) 비기다, 무승부가 되다

这场比赛两个队又**打平**了。
Zhè chǎng bǐ sài liǎng gè duì yòu dǎ píng le.

赢(yíng): 이기다   输(shū): 지다
平: 평평할(평) ① 평평하다 ② 같다, 균등하다 ③ 정되다
④ 일상의

집의 변기가 막혔다

堵 (dǔ) 막다, 틀어막다, 가로막다

家里的马桶堵了。
Jiā lǐ de mǎ tǒng dǔ le.

堵: 담(도) ① 막다, 틀어막다 ② 답답하다 ③ 담, 울타리를 세는
단위

---

7. 灰尘(huī chén) 먼지

다음 문장에서 동사를 채워 넣으세요.

1. 最近很多人 (애완동물을 기르다)

2. 最近市场 (불경기이다)，生意不好

3. 他整天 (기침하다)，脸都红了

4. 电影院的票都 (매진되다) 了

5. 喝完水，要把瓶盖 (뚜껑을 닫다)

6. 我每天早上 (바르다) 护肤面霜

7. 姐姐对 (맞선보다，소개팅하다) 的人不满意

8. 两个人有 (싸우다) 的架势

9. 他 (털어내다) 衣服上的灰尘

10. 买三个，可以 (무료이다) 送一个

11. 这场比赛两个队又 (무승부가 되다) 了

12. 家里的马桶 (막히다) 了

의류 및 악세서리

1. 衬衫(chèn shān) — 와이셔츠
2. 内裤(nèi kù) — 팬티
3. 裙子(qún zi) — 치마
4. 背心(bèi xīn) — 조끼
5. 毛衣(máo yī) — 스웨터
6. 领带(lǐng dài) — 넥타이
7. 围巾(wéi jīn) — 목도리
8. 钱包(qián bāo) — 지갑
9. 丝袜(sī wà) — 스타킹
10. 牛仔裤(niú zǎi kù) — 청바지
11. 运动服(yùn dòng fú) — 운동복, 츄리닝
12. 雨衣(yǔ yī) — 비옷
13. 西装(xī zhuāng) — 양복
14. 外套(wài tào) — 외투
15. 手套(shǒu tào) — 장갑
16. 袜子(wà zi) — 양말
17. 女衬衫(nǚ chèn shān) — 블라우스
18. 睡衣(shuì yī) — 잠옷
19. 皮鞋(pí xié) — 구두

나는 아버지 때를 밀어 드린다

搓澡 (cuō zǎo) 때를 밀다

我帮爸爸**搓澡**。
Wǒ bāng bà ba cuō zǎo.

搓: 비빌(차) 비비다, 문지르다
澡: 씻을(조)

그 사람은 속도 위반으로 경찰에게 딱지를 떼였다

开罚单 (kāi fá dān) 벌과금 딱지를 떼다

他因为开车超速被警察**开罚单**。
Tā yīn wèi kāi chē chāo sù bèi jǐng chá kāi fá dān.

被(bèi): ~에게 ~당하다(수동태를 만들 때)
罚单(fá dān): 벌과금 딱지

어머니가 촛불에 불을 붙이고 있다

点 (diǎn) 점화하다, 불을 붙이다

妈妈在**点**蜡烛[1]。
Mā ma zài diǎn là zhú.

点: 점(点) 점의 여러 가지 의미 중 여기서는 '불을 붙이다'의 뜻

그 사람은 너무 배가 불러서 끊임없이 트림을 한다

打饱嗝 (dǎ bǎo gé) 트림하다

他吃得太饱，不停的**打饱嗝**[2]。
Tā chī de tài bǎo, bù tíng de dǎ bǎo gé.

饱: 배 부를(포)   嗝: 딸국질(격)
打嗝: 딸국질하다
딸국질은 打嗝, 트림은 打饱嗝

1. 蜡烛(là zhú) 초, 양초 2. 不停的(bù tíng de) 끊임없이

15

아버지가 늘 아이에게 낯선 사람하고 얘기하지 말라고 가르친다

陌生 (mò shēng) 낯설다, 생소하다

爸爸经常教育孩子不要和**陌生**人说话。
Bà ba jīng cháng jiào yù hái zi bù yào hé mò shēng rén shuō huà.

陌: 두렁(맥) ① 두렁 길 ② 길
生: 날(생) 생의 여러 가지 의미 중 '생소하다, 낯설다'의 뜻

나는 병따개로 병뚜껑을 딴다

开瓶盖 (kāi píng gài) 병뚜껑(마개)을 따다

我用起子**开瓶盖**。
Wǒ yòng qǐ zi kāi píng gài.

开: 열(개)

그 사람은 늘 상사에게 아부하다

拍马屁 (pāi mǎ pì) 아부하다, 비위를 맞추다

他经常**拍**领导**马屁**。
Tā jīng cháng pāi lǐng dǎo mǎ pì.

拍: 칠(박)   马: 말(마)
屁: 방귀(비)   屁股: 엉덩이

먼저 변기의 물을 내리고 나서 손을 씻는다

冲马桶 (chōng mǎ tǒng) 변기의 물을 내리다

先**冲马桶**，然后洗手。
Xiān chōng mǎ tǒng, rán hòu xǐ shǒu.

冲: 평지(충), 맞부딪칠(충) ① 붓다 ② 뿌리다 ③ 쓸어내리다

3. 教育(jiào yù) 교육, 교육하다, 가르치다   4. 起子(qǐ zi) 병따개   5. 领导(lǐng dǎo) 지도자, 리더

戴口罩 (dài kǒu zhào) 마스크를 쓰다

空气污染[6]严重[7]，人们戴着口罩出门。
Kōng qì wū rǎn yán zhòng, rén men dài zhe kǒu zhào chū mén.

戴: 머리에 일(대) ① 착용하다, 쓰다 ② 몸에 지니다, 달다

공기 오염이 심한 날에는 마스크를 쓰고 외출한다

吹 (chuī) 불다

弟弟在**吹**气球[8]。
Dì di zài chuī qì qiú.

吹: 불(취)
바람이 부는 것도 吹

동생이 풍선을 불고 있다

叫喊 (jiào hǎn) 외치다, 소리치다

一个人在大声**叫喊**。
Yí gè rén zài dà shēng jiào hǎn.

叫: 부르짖을(규)
喊: 외칠(함)

한 사람이 크게 소리지르고 있다

复仇 (fù chóu) 복수하다

这部电影里面有很多**复仇**内容。
Zhè bù diàn yǐng lǐ miàn yǒu hěn duō fù chóu nèi róng.

复: 돌아올(복)
仇: 원수(수)

이 영화 속에는 복수하는 내용이 많다

---

6. 空气污染(kōng qì wū rǎn) 공기 오염   7. 严重(yán zhòng) 심각하다, 심하다   8. 气球(qì qiú) 고무풍선

15

다음 문장에서 동사를 채워 넣으세요.

① 我帮爸爸 (때를 밀다)

② 他因为开车超速被警察 (벌과금 딱지를 떼다)

③ 妈妈在 (켜다) 蜡烛

④ 他吃得太饱，不停的 (트림하다)

⑤ 爸爸经常教育孩子不要和 (낯설다) 人说话

⑥ 我用起子 (병 뚜껑을 따다)

⑦ 他经常 (拍) 领导 (아부하다)

⑧ 先(변기 물을 내리다)，然后洗手

⑨ 空气污染严重, 人们 (마스크를 쓰다) 出门

⑩ 弟弟在(풍선을 불다)

⑪ 一个人在 (큰 소리로 소리치다)

⑫ 这部电影里面有很多 (복수하다) 内容

감정에 관련된 표현

1. 笑(xiào) — 웃다
2. 微笑(wēi xiào) — 미소 짓다
3. 高兴(gāo xìng) — 좋아하다, 기뻐하다
4. 满意(mǎn yì) — 만족하다
5. 愉快(yú kuài) — 유쾌하다
6. 喜欢(xǐ huan) — 좋아하다
7. 放心(fàng xīn) — 안심하다
8. 幸福(xìng fú) — 행복하다
9. 舒服(shū fu) — 편안하다, 쾌적하다
10. 生气(shēng qì) — 화내다
11. 骂(mà) — 욕하다
12. 愤怒(fèn nù) — 분노하다
13. 讨厌(tǎo yàn) — 싫다, 밉살스럽다
14. 嫉妒(jí dù) — 질투하다
15. 怪(guài) — 원망하다
16. 恨(hèn) — 증오하다
17. 哭(kū) — 울다
18. 难过(nán guò) — 괴롭다, 슬프다
19. 伤心(shāng xīn) — 상심하다
20. 痛苦(tòng kǔ) — 고통스럽다
21. 抱歉(bào qiàn) — 미안해하다
22. 遗憾(yí hàn) — 유감이다
23. 后悔(hòu huǐ) — 후회하다
24. 感动(gǎn dòng) — 감동하다
25. 着急(zháo jí) — 조급해 하다
26. 麻烦(má fan) — 귀찮다, 번거롭다

PART 02

제시하는 한국어와 그림을 보고
중국어로 만들어보세요

01

①

倒 (dào) 쏟아 붓다

한) 동생이 쓰레기를 책상 위에 쏟는다.

중) _____

②

盛饭 (chéng fàn) 밥을 푸다

한) 어머니가 밥 주걱으로 밥을 푼다.

중) _____

③
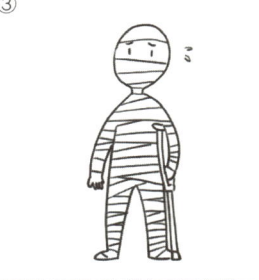

受伤 (shòu shāng) 부상을 당하다, 상처 입다

한) 그는 교통사고를 당해서 부상을 입었다.

중) _____

④

照镜子 (zhào jìng zi) 거울을 보다

한) 여자들은 거울 보는 것을 매우 좋아한다.

중) _____

① 弟弟把垃圾倒在桌子上 ② 妈妈用饭勺盛饭 ③ 他遇到了交通事故, 受了伤 ④ 女孩子很喜欢照镜子

⑤

失眠 (shī mián) 잠을 이루지 못하다

한) 저녁에 진한 커피를 마셨더니, 결국 잠을 이루지 못했다.

중) _____

⑥

等 (děng) 기다리다

한) 나는 파란 불이 켜지기를 기다리고 있다.

중) _____

⑦

聊天 (liáo tiān) 잡담, 한담, 채팅(을 하다)

한) 두 여학생이 수다를 떨고 있다.

중) _____

⑧

抄写 (chāo xiě) 베껴 쓰다

한) 그는 다른 사람의 숙제를 베껴 쓴다.

중) _____

⑤晚上喝了一杯浓咖啡, 终于失眠了 ⑥我等着绿灯亮 ⑦两个女学生在聊天 ⑧他在抄写别人的作业

01

面谈 (miàn tán) 면담하다

한) 나는 선생님하고 면담하고 있다.
중) _____

抓 (zhuā) 긁다, 꽉 쥐다

한) 어떤 사람이 머리를 긁고 있다.
중) _____

躲藏 (duǒ cáng) 숨다, 피하다

한) 한 소년이 벽 뒤에 숨어 있다.
중) _____

自拍 (zì pāi) 셀카를 찍다

한) 여자들은 셀카 찍는 것을 매우 좋아한다.
중) _____

⑨ 我在和老师面谈 ⑩ 有人在抓头发 ⑪ 一个男孩躲藏在墙后面 ⑫ 女孩子很喜欢自拍

①

打开 (dǎ kāi) 열다, 풀다

한| 한 소년이 작은 상자를 열고 있다.
중|_____

②

梳 (shū) 빗다, 빗질하다

한| 여동생이 머리카락을 빗고 있다.
중|_____

③

烧饭 (shāo fàn) 밥을 짓다

洗碗(xǐ wǎn) 설거지 하다

한| 엄마는 밥을 짓고, 나는 설거지를 한다.
중|_____

④

排队 (pái duì) 줄을 서다

한| 사람들이 줄을 서서 버스에 오르고 있다.
중|_____

①一个男孩在打开一个小盒子 ②妹妹在梳头发 ③妈妈在烧饭, 我在洗碗 ④人们在排队上公交车

02

⑤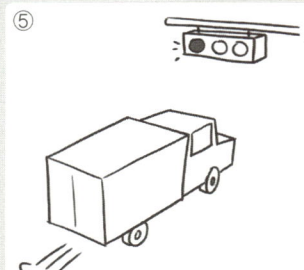

闯红灯 (chuǎng hóng dēng) 신호를 위반하다

한) 트럭 한 대가 교통신호를 위반하고 있다.

중) _____

⑥

趴着睡 (pā zhe shuì) 엎드려 자다

한) 정오에 너무 졸려서 잠시 엎드려 잤다.

중) _____

⑦

起身 (qǐ shēn) (누워있거나 앉아있다가) 일어나다

한) 한 사람이 몸을 일으켜 일어나 앉는다.

중) _____

⑧

扣扣子 (kòu kòu zi) 단추를 채우다

한) 어머니가 나에게 옷의 단추를 모두 채우라고 하신다.

중) _____

⑤一辆卡车在闯红灯　⑥中午太困, 我趴着睡了一会儿　⑦一个人起身坐着　⑧妈妈让我把衣服上的扣子全部扣好

摔倒 (shuāi dǎo) (몸이 균형을 잃고) 넘어지다 쓰러지다

한] 나는 발 밑이 미끄러워 넘어졌다.

중] _____

背 (bèi) 외우다, 명 등

한] 나는 영어 단어를 외우고 있다.

중] _____

收拾 (shōu shi) 수습하다, 치우다

한] 음식점 종업원이 상을 치우고 있다.

중] _____

逃跑 (táo pǎo) 도망치다, 달아나다

한] 도둑이 경찰이 방비하지 않는 틈을 타 도망쳤다.

중] _____

⑨我脚底下一滑, 摔倒了 ⑩我在背英语单词 ⑪餐厅服务员在收拾桌子 ⑫小偷趁着警察不备逃跑了

03

发脾气 (fā pí qi) 화내다, 성질 내다, 짜증내다

한) 형이 동생에게 성질을 낸다.

중) _____

找零钱 (zhǎo líng qián) 잔돈을 거스르다

한) 상점주인이 나에게 돈을 거슬러 주다.

중) _____

点菜 (diǎn cài) 요리(음식)를 주문하다

한) 한 남자가 음식을 주문하고 있다.

중) _____

吹 (chuī) (입으로) 힘껏 불다

한) 형이 휘파람으로 노래를 부르고 있다.

중) _____

①哥哥向弟弟发脾气 ②商店的老板找零钱给我 ③一个人在点菜 ④哥哥用口哨吹出一首歌儿

94 PART 02

⑤  **提交给** (tí jiāo gěi) ~에게 제출하다

한) 나는 업무보고서를 부장님에게 제출한다.

중) _____

⑥  **打包** (dǎ bāo) 포장하다

한) 식당에서 남은 음식은 포장해서 가져갈 수 있다.

중) _____

⑦ 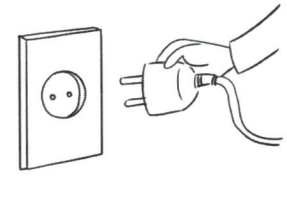 **插** (chā) 끼워 넣다, 꽂다

한) 플러그를 콘센트에 끼우면, 전기가 바로 통한다.

중) _____

⑧  **苦恼** (kǔ nǎo) 고민하다

한) 나는 어느 길로 가야 되는지 고민하고 있다.

중) _____

⑤我把业务报告提交给部长 ⑥餐厅吃饭剩下的菜,可以打包带走 ⑦插头插到插座上,电路就能接通
⑧我在苦恼应该走哪条路

03

打扰 (dǎ rǎo) 방해하다, 폐를 끼치다

한 형이 공부하고 있으니 방해하지 마라.

중 _____

夹 (jiā) (둘 사이에) 집다, 끼우다

한 어떤 사람이 클립으로 종이를 끼워놓다.

중 _____

跑步 (pǎo bù) 달리다

한 나는 공원에서 달리기를 한다.

중 _____

敲 (qiāo) 치다, 두드리다, 때리다

한 어떤 사람이 손으로 벽을 친다.

중 _____

⑨哥哥在读书,不要打扰他　⑩有个人用曲别针夹住一张纸　⑪我在公园里跑步　⑫有人用手敲墙

04

拉开 (lā kāi) 끌어당겨 열다

한) 동생이 문을 끌어당겨 열고 있다.

중) _____

打喷嚏 (dǎ pēn tì) 재채기를 하다

한) 형이 재채기를 하고 있다.

중) _____

忘记 (wàng jì) 잊다

한) 나는 휴대폰을 가져오는걸 잊었다.

중) _____

超车 (chāo chē) 앞 차를 추월하다

한) 고속도로에서 앞차를 추월 하는 것은 매우 위험하다.

중) _____

①弟弟在拉开门 ②哥哥在打喷嚏 ③我忘记带手机 ④在高速公路上超车，是很危险的

04

⑤ **掏出** (tāo chū) 꺼내다, 끄집어 내다

=拿出

한| 친구가 주머니에서 돈을 꺼낸다.

중| _____

⑥ **摘** (zhāi) (식물의 꽃 등을) 따다, (쓰거나 걸려 있는 것을) 벗다

한| 어떤 사람이 모자를 벗고 있다.

중| _____

⑦ **戴** (dài) (모자를) 쓰다

한| 어떤 사람이 모자를 쓰고 있다.

중| _____

⑧ **受欢迎** (shòu huān yíng) 인기가 있다

한| 한국의 화장품은 중국에서 매우 인기가 있다.

중| _____

⑤朋友从口袋里掏出钱 ⑥有人正在摘帽子 ⑦有个人在戴帽子 ⑧韩国的化妆品在中国很受欢迎

04

转交给 (zhuǎn jiāo gěi) ~에게 전달하다

한) 친구가 나에게 쪽지를 한 여자에게 전달해 달라고 한다.

중) _____

送 (sòng) 선물하다

한) 나는 여자친구에게 선물을 준다.

중) _____

打哈欠 (dǎ hā qian) 하품을 하다

한) 어떤 사람이 하품을 하고 있다.

중) _____

靠边 (kào biān) (길) 옆으로 붙다, 비키다

한) 보행자는 길 옆으로 붙어 걷는다.

중) _____

⑨ 朋友请我把便条转交给一个女孩子 ⑩ 我把礼物送给女朋友 ⑪ 有人在打哈欠 ⑫ 行人靠边走

05

靠 (kào) 기대다, 기대고 있다

한 한 남자가 벽에 등을 기대고 있다.
중 _____

存 (cún) 존재하다, 보존하다, 저축하다

한 어머니는 돈을 은행에 저축한다.
중 _____

系 (jī) 매다, 묶다

한 운전할 때는 반드시 안전띠를 매야 한다.
중 _____

拿过来 (ná guò lái) 가져오다

한 엄마가 나에게 가방을 가져오라고 한다.
중 _____

①一个男人背靠着墙 ②妈妈把钱存在银行 ③开车一定要系安全带 ④妈妈让我把包包拿过来

⑤  **来回走动** (lái huí zǒu dòng) 왔다 갔다 하다

한) 아버지가 왔다 갔다 하고 있다.

중) _____

⑥ **天黑** (tiān hēi) 날이 어두워지다, 해지다

한) 그는 날이 어두워 질 때 까지 일을 한다.

중) _____

⑦  **拧干** (nǐng gān) 짜(서 물기를 없애)다

한) 어머니는 언제나 빨래를 꽉 짜서 내다 넌다.

중) _____

⑧  **鼓掌** (gǔ zhǎng) 박수치다, 손뼉치다

한) 관중이 박수치고 있다.

중) _____

⑤爸爸正在来回走动着　⑥他工作到天黑　⑦妈妈总是把洗的衣服拧干后晾出去　⑧观众在鼓掌

05

倒立 (dào lì) 물구나무서다

한) 이따금 물구나무 서기 하면 혈액순환에 도움이 된다.
중) _____

抓紧 (zhuā jǐn) 꽉 쥐다, 단단히 잡다

한) 아버지가 버스 손잡이를 꽉 잡는다.
중) _____

弹吉它 (tán jí tā) 기타를 치다

한) 나는 기타를 치고, 친구는 노래를 부르고 있다.
중) _____

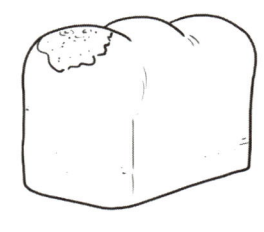

发霉 (fā méi) 곰팡이가 피다

한) 엄마가 빵을 오래 두었더니 곰팡이가 피었다.
중) _____

⑨偶尔倒立, 可以帮助血液循环 ⑩爸爸抓紧公交车上的扶手 ⑪我在弹吉他, 朋友在唱歌 ⑫妈妈把面包放了很久, 发霉了

06

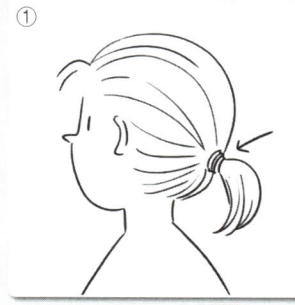

扎头发 (zā tóu fa) 머리를 묶다

한 고무줄로 머리를 묶다.

중 _____

倒酒 (dào jiǔ) 술을 따르다

한 친구에게 술을 따라준다.

중 _____

在背后谈论别人
(zài bèi hòu tán lùn bié rén) : 뒷담화하다

한 뒤에서 남의 뒷담화하지 마라.

중 _____

提问 (tí wèn) 질문하다

한 모르는 게 있으면 많이 물어봐야 한다.

중 _____

①用橡皮筋把头发扎起来 ②我给朋友倒酒 ③不要在背后谈论别人 ④不明白的问题，要多多提问

06

⑤ **刷卡** (shuā kǎ) 카드로 결제하다

한) 계산원이 현금으로 할건지 카드로 할건지 묻는다.
중) _____

⑥ **人行横道** (rén xíng héng dào) 횡단보도

한) 대로를 건널 때는 반드시 횡단보도로 가야 한다.
중) _____

⑦ **抬起** (tái qǐ) 들어 올리다

한) 동생이 두 다리를 들어 올리고 있다.
중) _____

⑧ **搬** (bān) (비교적 크고, 무거운 걸) 옮기다, 운반하다

한) 상자가 너무 무거워서 옮길 수 없다.
중) _____

⑤收银员问我现金付款还是刷卡 ⑥过马路一定要走人行横道 ⑦弟弟正在抬起两条腿 ⑧箱子太重，我搬不动

06

瞟了一眼 (piǎo le yì yǎn) 곁눈질하다, 힐끔 쳐다보다

한) 어떤 사람이 곁눈질로 몰래 예쁜 아가씨를 힐끔 본다.

중) _____

烧水 (shāo shuǐ) 물을 끓이다

한) 형이 물을 끓이고 있다.

중) _____

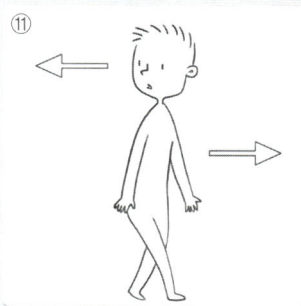

回头 (huí tóu) (뒤로) 고개를 돌리다

한) 그 사람이 뒤돌아 보고 있다.

중) _____

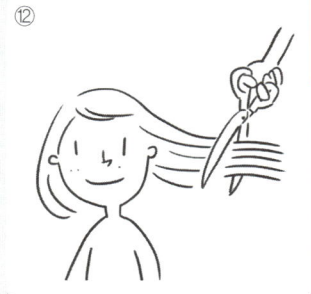

剪 (jiǎn) 자르다, 깎다

한) 여자아이가 머리카락을 자르고 있다.

중) _____

⑨ 有人偷偷地瞟了一眼那个漂亮的女孩　⑩ 哥哥在烧水　⑪ 他在回头看　⑫ 一个女孩在剪头发

07

①

卡 (qiǎ) 걸리다, 끼이다

한 생선 가시가 목 안에 걸리다.

중 _____

②

张开 (zhāng kāi) 벌리다, 펼치다

한 동생이 입을 벌리고 있다.

중 _____

③

蘸 (zhàn) 찍다, 묻히다

한 삶은 계란은 소금을 찍어 먹을 수 있다.

중 _____

④

想念 (xiǎng niàn) 그리워하다

한 모든 사람은 자신의 고향을 그리워한다.

중 _____

①鱼刺卡在我嗓子里 ②弟弟在张开嘴 ③煮鸡蛋可以蘸着盐吃 ④每个人都想念自己的家乡

07

看不起 (kàn bu qǐ) 무시하다, 깔보다

한) 자기보다 나이 어린 사람을 무시하면 안 된다.
중) _____

不景气 (bù jǐng qì) 불경기이다

한) 요즘 불경기여서 장사가 안 된다.
중) _____

咳嗽 (ké sou) 기침하다

한) 그 사람은 하루 종일 기침해서 얼굴이 빨개졌다.
중) _____

打架 (dǎ jià) 싸우다

한) 두 사람이 싸우려고 하는 태세이다.
중) _____

⑤不要看不起比自己年纪小的人 ⑥最近市场不景气,生意不好 ⑦他整天咳嗽,脸都红了 ⑧两个人有打架的架势

07

搓澡 (cuō zǎo) 때를 밀다

한) 나는 아버지 때를 밀어 드린다.
중) _____

开瓶盖 (kāi píng gài) 병뚜껑(마개)을 따다

한) 나는 병따개로 병뚜껑을 딴다.
중) _____

叫喊 (jiào hǎn) 외치다, 소리치다

한) 한 사람이 크게 소리지르고 있다.
중) _____

呼吸 (hū xī) 호흡하다, 숨을 쉬다

한) 한 사람이 심호흡을 하고 있다.
중) _____

⑨我帮爸爸搓澡 ⑩我用起子开瓶盖 ⑪一个人在大声叫喊 ⑫一个人在深呼吸

08

① **放** (fàng) 놓다

한| 어머니가 사과를 쟁반 위에 놓다.

중| _____

② **洗** (xǐ) 씻다

한| 식사하기 전에 손을 씻어야 한다.

중| _____

③ **穿反** (chuān fǎn) (옷을) 뒤집어 입다
(신발을) 거꾸로 신다

한| 그 사람은 옷을 거꾸로 입었다.

중| _____

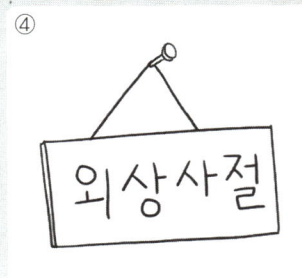

④ **赊账** (shē zhàng) 외상으로 사고 팔다

한| 이 가게는 외상을 사절합니다.

중| _____

①妈妈把苹果放在盘子上 ②吃饭前,一定要洗手 ③他把衣服穿反了 ④本店谢绝赊账

08

汇款 (huì kuǎn) 송금하다

한) 나는 은행에 가서 부모님에게 돈을 송금한다.
중) _____

外带 (wài dài) TAKE-OUT하다

한) 이 커피점의 커피는 TAKE-OUT할 수 있다.
중) _____

送 (sòng) 배웅하다, 전송하다, 데려다 주다

한) 나는 친구를 버스 정류장까지 배웅한다.
중) _____

骑 (qí) (동물, 자전거, 오토바이 등을) 타다

한) 오토바이를 탈 때에는 헬멧을 써야 한다.
중) _____

⑤ 我去银行给爸妈汇款 ⑥ 这家咖啡店的咖啡, 可以外带 ⑦ 我把朋友送到公车站 ⑧ 骑摩托车一定要戴头盔

08

⑨

炒股票 (chǎo gǔ piào) 주식투자(투기)를 하다

한) 형이 주식 투자를 하고 있다.

중) _____

⑩

给A看B (gěi A kàn B) A에게 B를 보여주다

한) 형이 친구에게 자신의 사진을 보여준다.

중) _____

⑪

睁开 (zhēng kāi) (눈을) 뜨다

한) 그 사람이 눈을 뜨고 있다.

중) _____

⑫

出差 (chū chāi) 출장을 가다

한) 나는 출장을 가려고 준비중이다.

중) _____

⑨哥哥在炒股票　⑩哥哥给朋友看自己的照片　⑪一个人正在睁开眼睛　⑫我正在准备出差

09

陌生 (mò shēng) 낯설다, 생소하다

[한] 아버지가 늘 아이에게 낯선 사람하고 얘기하지 말라고 가르친다.

[중] _____

伸懒腰 (shēn lǎn yāo) 기지개를 켜다

[한] 나는 아침에 일어나 기지개를 켜는 게 습관이 되었다.

[중] _____

充交通卡 (chōng jiāo tōng kǎ) 교통카드를 충전하다

[한] 나는 교통카드를 충전하러 간다.

[중] _____

吃零食 (chī líng shí) 군것질하다, 간식을 먹다

[한] 군것질도 많이 먹으면 살이 찔 수 있다.

[중] _____

①爸爸经常教育孩子不要和陌生人说话　②我习惯早上起来伸懒腰　③我去充交通卡　④如果多吃零食, 会发胖

⑤

付钱 (fù qián) 돈을 지불하다

한) 슈퍼에서는, 먼저 물건을 사고 나중에 돈을 지불한다.

중) 在超市，先买东西，后付钱

⑥

分期付款 (fēn qī fù kuǎn) 분할지급, 할부

한) 내 차는 할부로 산 것이다.

중) 我的车是用分期付款方式来买的

⑦

上菜 (shàng cài) 음식을 내오다

한) 이 식당은 별로이다. 음식이 나오는데 한 시간이 걸린다.

중) 这家餐厅一般，上菜需要一个小时

⑧

发抖 (fā dǒu) (벌벌) 떨다

한) 아버지가 화가 나서 부들부들 떨다.

중) 爸爸气得发抖

09

撑雨伞 (chēng yǔ sǎn) 우산을 쓰다

한) 아버지가 우산을 쓰고 있다.
중) _____

拧 (nǐng) 틀다, 비틀어 돌리다

한) 나는 병 뚜껑을 힘주어 비틀어 돌려 연다.
중) _____

跪 (guì) (무릎을) 꿇다

한) 나는 땅에 무릎을 꿇고 기도를 한다.
중) _____

打呼噜 (dǎ hū lu) 코를 골다

한) 형이 코를 골고 있다.
중) _____

⑨爸爸撑着一把伞 ⑩我把瓶盖用力拧开 ⑪我跪在地上祈祷 ⑫哥哥在打呼噜

10

伸出 (shēn chū) (밖으로) 내밀다

한) 동생이 혀를 내민다.
중) _____

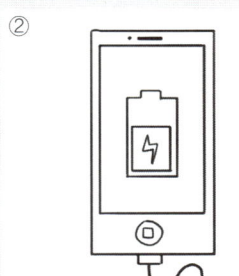

充电 (chōng diàn) 충전하다

한) 핸드폰 배터리가 없을 땐 충전해야 한다.
중) _____

淋雨 (lín yǔ) 비를 맞다

한) 동생이 비를 맞고 집에 간다.
중) _____

顶嘴 (dǐng zuǐ) 말 대꾸하다

한) 어린아이는 어른에게 말 대꾸하면 안 된다.
중) _____

①弟弟伸出他的舌头 ②手机没电的时候, 需要充电 ③弟弟淋着雨回家 ④小孩不要和大人顶嘴

10

堵车 (dǔ chē) 차가 막히다

한) 출·퇴근 시간에는 차가 매우 막힌다.
중) _____

退货 (tuì huò) 반품하다

한) 인터넷으로 산 물건은 반품할 수 있다.
중) _____

锻炼 (duàn liàn) 단련하다

한) 신체를 단련하는 것은 매우 중요하다.
중) _____

蹲 (dūn) 쪼그려 앉다

한) 아버지가 땅바닥에 쪼그려 앉아 담배를 핀다.
중) _____

⑤上下班时间堵车很严重　⑥网上买的东西可以退货　⑦锻炼身体是非常重要的　⑧爸爸蹲在地上吸烟

10

发呆 (fā dāi) 멍하다, 넋을 잃다

한) 형이 의자에 앉아아 멍하게 있다.

중) _____

插嘴 (chā zuǐ) 말참견하다

한) 우리 얘기에 다른 사람이 계속 말참견한다.

중) _____

打的 (dǎ dī) 택시를 타다(잡다)

한) 비가 오는 날엔 택시 타고 집에 간다.

중) _____

卖光 (mài guāng) 매진되다, 남김없이 팔리다

한) 영화관 표가 전부 매진되었다.

중) _____

⑨哥哥坐在椅子上发呆 ⑩我们说话时, 他一直插嘴 ⑪下雨天, 我打的回家 ⑫电影院的票都卖光了

11

挑 (tiāo) 고르다, 선택하다

한) 나는 가게에 가서 마음대로 손목시계를 하나 골랐다.

중) _____

躺 (tǎng) 눕다, 드러눕다

한) 나는 침대에 누워 있다.

중) _____

借 (jiè) 빌리다, 빌려주다

한) 형이 나에게 돈을 빌려준다.

중) _____

接电话 (jiē diàn huà) 전화를 받다

한) 나는 전화를 받고 있다.

중) _____

①我去商店随便挑了一个手表 ②我躺在床上 ③哥哥借钱给我 ④我在接电话

⑤

拍马屁 (pāi mǎ pi) 아부하다, 비위를 맞추다

한 그 사람은 늘 상사에게 아부한다.

중 _____

⑥

期盼 (qī pàn) 기대하다, 바라다

한 모든 사람은 일요일을 고대한다.

중 _____

⑦

扫地 (sǎo dì) 바닥(땅)을 쓸다

한 나는 바닥을 쓸고 있다.

중 _____

⑧

关 (guān) 닫다

한 어떤 사람이 창문을 닫고 있다.

중 _____

⑤他经常拍领导马屁 ⑥每个人都期盼星期天 ⑦我在扫地 ⑧有人在关窗

11

嚼 (jiáo) 씹다

한) 공공장소에서는 껌을 씹지 마라.
중) _____

吃不下 (chī bú xià) 더 이상 먹을 수 없다

한) 너무 배가 불러서 더 이상 못 먹는다.
중) _____

擦 (cā) 닦다, 문지르다, 마찰하다

한) 나는 걸레로 창문을 닦는다.
중) _____

兜风 (dōu fēng) 드라이브 하다

한) 나는 차를 몰고 드라이브 한다.
중) _____

⑨不要在公共场所嚼口香糖 ⑩吃太饱, 吃不下了 ⑪我用抹布擦窗 ⑫我开着车兜风去了

12

① **下来** (xià lái) (위에서) 내려오다

한) 한 사람이 2층에서 내려오고 있다.
중) _____

② **流鼻涕** (liú bí tì) 콧물을 흘리다

한) 동생이 감기 걸려서 콧물을 흘리고 있다.
중) _____

③ **握手** (wò shǒu) 악수하다

한) 두 사람이 악수하고 있다.
중) _____

④ **卖** (mài) 팔다, 판매하다

↔ 买(mǎi) 사다

한) 슈퍼마켓에서는 빵, 음료, 과일 등을 판매한다.
중) _____

①一个人正在从二楼下来 ②弟弟感冒了, 还流鼻涕 ③两个人在握手 ④超市卖面包, 饮料, 水果等

12

转身 (zhuǎn shēn) 몸을 돌리다

한) 한 사람이 몸을 돌리고 있다.
중) _____

习惯 (xí guàn) 습관이 되다

한) 사람들은 휴대폰을 휴대하는 것이 이미 습관이 되었다.
중) _____

转向 (zhuǎn xiàng) 방향을 바꾸다

한) 나는 선풍기를 여자친구 쪽으로 돌린다.
중) _____

洗澡 (xǐ zǎo) 목욕하다, 샤워를 한다

한) 나는 매일 샤워를 한다.
중) _____

⑤一个人正在转身　⑥人们习惯把手机带在身边　⑦我把电扇转向女朋友　⑧我每天洗澡

戴口罩 (dài kǒu zhào) 마스크를 쓰다

한) 공기 오염이 심한 날에는 마스크를 쓰고 외출한다.
중) _____

开罚单 (kāi fá dān) 벌과금 딱지를 떼다

한) 그 사람은 속도위반으로 경찰에게 딱지를 떼였다.
중) _____

举手 (jǔ shǒu) 손을 들다

한) 그는 손을 들고 있다.
중) _____

放映 (fàng yìng) 방영하다, 상영하다

한) 극장에서는 영화를 상영한다.
중) _____

⑨空气污染严重, 人们戴着口罩出门　⑩他因为开车超速被警察开罚单　⑪他在举手　⑫电影院放映电影

13

交给 (jiāo gěi) ~에게 건네주다

한) 나는 상자 하나를 택배 아저씨에게 건네준다.

중) _____

天亮 (tiān liàng) 동이 트다, 날이 밝다

한) 형이 날이 밝을 때까지 책을 본다.

중) _____

睡懒觉 (shuì lǎn jiào) 늦잠을 자다

한) 나는 매일 아침 늦잠을 잔다.

중) _____

上网 (shàng wǎng) 인터넷을 하다

한) 요즘은 핸드폰으로 인터넷을 할 수 있다.

중) _____

①我把一个盒子交给快递师傅 ②哥哥读书到天亮 ③我每天早上睡懒觉 ④现在用手机可以上网

13

⑤ **刮** (guā) 깎다, 긁어내다, 벗기다

한| 나는 수염을 깎고 있다.

중| _____

⑥ **盖** (gài) (건물, 가옥을) 짓다, 건축하다

한| 시내에는 새로 짓는 아파트가 많이 있다.

중| _____

⑦ **买门票** (mǎi mén piào) 입장권을 사다

한| 이 영화는 매우 인기가 있어서 입장권을 살 수 없다.

중| _____

⑧ **留** (liú) 남겨두다 보관하다, 머무르다

한| 나는 저녁에 쓰레기통을 집 밖에 둔다.

중| _____

⑤我在刮胡须　⑥市区有很多新盖的公寓　⑦这部电影很受欢迎, 门票都买不到　⑧晚上, 我把垃圾桶留在家外面

13

取钱 (qǔ qián) 돈을 인출하다

한) 나는 ATM에서 돈을 인출한다.
중) _____

养宠物 (yǎng chǒng wù) 애완동물을 키우다

한) 요즘은 많은 사람들이 애완동물을 키운다.
중) _____

吹 (chuī) 불다

한) 동생이 풍선을 불고 있다.
중) _____

复仇 (fù chóu) 복수하다

한) 이 영화 속에는 복수하는 내용이 많다.
중) _____

⑨ 我在自动提款机上取钱 ⑩ 最近很多人养宠物 ⑪ 弟弟在吹气球 ⑫ 这部电影里面有很多复仇内容

14

推 (tuī) 밀다

한) 동생이 책상을 밀고 있다.
중) _____

聚集 (jù jí) 모이다, 집결하다

한) 많은 사람들이 광장에 모여있다.
중) _____

拥抱 (yōng bào) 껴안다, 포옹하다

한) 아빠가 아이를 껴안고 있다.
중) _____

眨 (zhǎ) (눈을) 깜박거리다

한) 동생이 왼쪽 눈으로 윙크한다.
중) _____

①弟弟在推桌子 ②广场上聚集了很多人 ③爸爸在拥抱孩子 ④弟弟眨左眼

14

⑤ **找** (zhǎo) 찾다, 구하다

한| 나는 직업을 구하고 있다.

중| _____

⑥ **跳舞** (tiào wǔ) 춤을 추다

한| 여동생이 춤을 추고 있다.

중| _____

⑦ **赶不上** (gǎn bú shàng) 쫓아 가지 못하다

*비교가 안 되다 / (시간이 부족하여) ~할 틈이 없다

한| 앞의 사람이 너무 빨리 뛰어서 쫓아 갈수가 없다.

중| _____

⑧ **无聊** (wú liáo) 심심하다, 따분하다

한| 나는 심심할 때 휴대폰을 가지고 논다.

중| _____

⑤我在找工作 ⑥妹妹在跳舞 ⑦前面的人跑得太快, 我赶不上 ⑧无聊的时候, 我玩手机

14

⑨ **加油** (jiā yóu) 기름을 넣다

한) 나는 주유소에서 기름을 넣고 있다.
중) _____

⑩ **舍不得** (shě bu dé) ~하기 아깝다

*헤어지기 섭섭하다, 미련이 남다

한) 어머니는 남은 음식을 버리기 아까워한다.
중) _____

⑪ **相亲** (xiāng qīn) 맞선을 보다, 소개팅하다

한) 누나는 맞선 본 남자가 맘에 안 든다.
중) _____

⑫ **盖盖子** (gài gài zi) 뚜껑을 닫다

한) 물을 마신 후 병뚜껑을 닫아야 한다.
중) _____

⑨我在加油站加油 ⑩妈妈舍不得扔掉剩下的菜 ⑪姐姐对相亲的人不满意 ⑫喝完水,要把瓶盖盖上

15

1 + 2 = 3
5 - 3 = 2

加 / 减 (jiā) / (jiǎn) 더하기, 빼기

한) 일 더하기 이는 삼, 오 빼기 삼은 이

중) _____

2 × 3 = 6
6 ÷ 2 = 3

乘以 / 除以 (chéng yǐ) / (chú yǐ) 곱하다, 나누다

한) 이 곱하기 삼은 육, 육 나누기 이는 삼

중) _____

数 (shǔ) 동) 세다, 헤아리다 / 명) 수

한) 거스름돈을 세어보니 천 원이 차이가 난다.

중) _____

打工 (dǎ gōng) 아르바이트(일)를 하다

한) 나는 편의점에서 아르바이트 한다.

중) _____

①一加二等于三，五减三等于二　②二乘以三等于六，六除以二等于三　③我数了数找回的钱，还差一千元。④我在便利店打工。

⑤

涂 (tú) (화장품, 페인트 등을) 바르다, 칠하다

한 나는 매일 아침에 로션크림을 바른다.

중 _____

⑥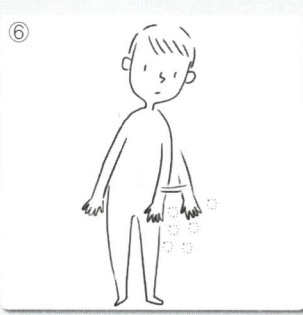

掸 (dǎn) (먼지 등을) 털다, 털어내다

한 그 사람은 옷에 있는 먼지를 털어냈다.

중 _____

⑦

堵 (dǔ) 막다, 틀어막다, 가로막다

한 집의 변기가 막혔다.

중 _____

⑧

打平 (dǎ píng) 비기다, 무승부이다

한 이번 시합에서 두 팀이 또 비겼다.

중 _____

⑤我每天早上涂护肤面霜 ⑥他掸掉衣服上的灰尘 ⑦家里的马桶堵了 ⑧这场比赛两个队又打平了

15

免费 (miǎn fèi) 무료로 하다

한 세 개를 사면 하나를 무료로 더 준다.
중 _____

点 (diǎn) 점화하다, 불을 붙이다

한 어머니가 촛불에 불을 붙이고 있다.
중 _____

打饱嗝 (dǎ bǎo gé) 트림하다

한 그 사람은 너무 배가 불러서 끊임없이 트림을 한다.
중 _____

冲马桶 (chōng mǎ tǒng) 변기의 물을 내리다

한 먼저 변기의 물을 내리고 나서 손을 씻는다.
중 _____

⑨ 买三个, 可以免费送一个 ⑩ 妈妈在点蜡烛 ⑪ 他吃得太饱, 不停的打饱嗝 ⑫ 先冲马桶, 然后洗手

PART 03

제시하는 그림을 보고 중국어로 만들어보세요

01

제시어 拿过来(ná guò lái), 包包(bāo bāo)

중 _____

제시어 叫喊(jiào hǎn)

중 _____

제시어 忘记(wàng jì), 手机(shǒu jī)

중 _____

제시어 抬起(tái qǐ), 腿(tuǐ)

중 _____

01

⑤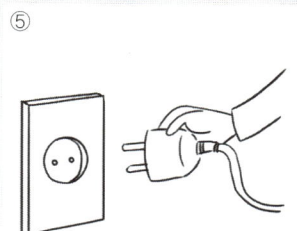

제시어 插(chā), 插头(chā tóu), 插座(chā zuò)

중 _____

⑥

제시어 提问(tí wèn)

중 _____

⑦

제시어 汇款(huì kuǎn)

중 _____

⑧

제시어 盛饭(chéng fàn)

중 _____

01

⑨

제시어 　受欢迎(shòu huān yíng), 化妆品(huà zhuāng pǐn)

중 _____

⑩

제시어 　自拍(zì pāi)

중 _____

⑪

제시어 　打包(dǎ bāo), 剩下的菜(shèng xià de cài)

중 _____

⑫

제시어 　无聊(wú liáo), 玩手机(wán shǒu jī)

중 _____

1. 妈妈让我把包包拿过来

2. 一个人在大声叫喊

3. 我忘记带手机

4. 弟弟正在抬起两条腿

5. 插头插到插座上,电路就能接通

6. 不明白的问题，要多多提问

7. 我去银行给爸妈汇款

8. 妈妈用饭勺盛饭

9. 韩国的化妆品在中国很受欢迎

10. 女孩子很喜欢自拍

11. 餐厅吃饭剩下的菜，可以打包带走

12. 无聊的时候， 我玩手机

02

①

제시어 聊天(liáo tiān)

중 _____

②

제시어 转身(zhuǎn shēn)

중 _____

③

제시어 擦(cā)

중 _____

④

제시어 冲马桶(chōng mǎ tǒng)

중 _____

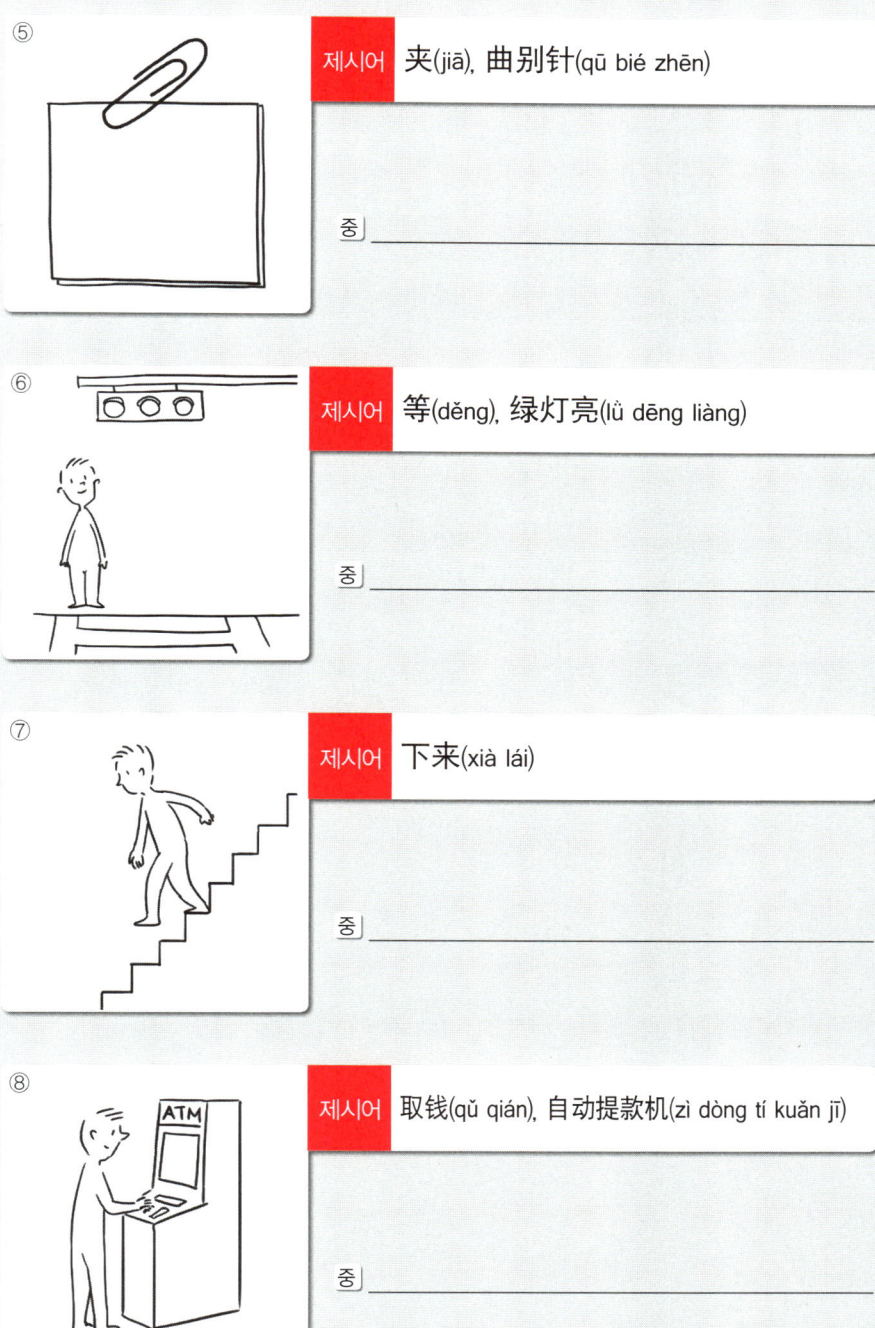

⑤ 제시어 夹(jiā), 曲别针(qū bié zhēn)

중 _____

⑥ 제시어 等(děng), 绿灯亮(lǜ dēng liàng)

중 _____

⑦ 제시어 下来(xià lái)

중 _____

⑧ 제시어 取钱(qǔ qián), 自动提款机(zì dòng tí kuǎn jī)

중 _____

02

제시어 **拍马屁**(pāi mǎ pi)

중 _____

제시어 **吃不下**(chī bú xià)

중 _____

제시어 **穿反**(chuān fǎn)

중 _____

제시어 **起身**(qǐ shēn)

중 _____

1. 两个女学生在聊天

2. 一个人正在转身

3. 我用抹布擦窗

4. 先冲马桶，然后洗手

5. 有个人用曲别针夹住一张纸

6. 我等着绿灯亮

7. 一个人正在从二楼下来

8. 我在自动提款机上取钱

9. 他经常拍领导马屁

10. 吃太饱，吃不下了

11. 把衣服穿反了

12. 一个人起身坐着

03

제시어 背(bèi), 英语单词(yīng yǔ dān cí)

중 _____

제시어 瞟了一眼(piǎo le yì yǎn)

중 _____

제시어 打呼噜(dǎ hū lu)

중 _____

제시어 聚集(jù jí), 广场(guǎng chǎng)

중 _____

⑤

제시어 烧饭(shāo fàn), 洗碗(xǐ wǎn)

중 _____

⑥

제시어 打哈欠(dǎ hā qian)

중 _____

⑦

제시어 陌生(mò shēng)

중 _____

⑧

제시어 养(yǎng), 宠物(chǒng wù)

중 _____

03

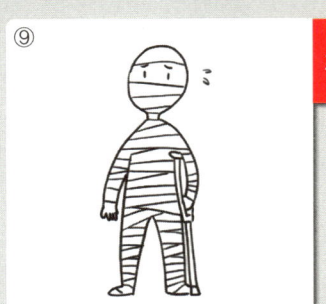

제시어 受伤(shòu shāng)

중 _____

제시어 点菜(diǎn cài)

중 _____

제시어 不景气(bù jǐng qì)

중 _____

제시어 嚼(jiáo), 口香糖(kǒu xiāng táng)

중 _____

1. 我在背英语单词
2. 有人偷偷地瞟了一眼那个漂亮的女孩
3. 哥哥在打呼噜
4. 广场上聚集了很多人
5. 妈妈在烧饭,我在洗碗
6. 有人在打哈欠
7. 爸爸经常教育孩子不要和陌生人说话
8. 最近很多人养宠物
9. 他遇到了交通事故,受了伤
10. 一个人在点菜
11. 最近市场不景气,生意不好
12. 不要在公共场所嚼口香糖

04

①

제시어 来回走动(lái huí zǒu dòng)

중 _____

②

제시어 蘸(zhàn), 煮(zhǔ), 鸡蛋(jī dàn)

중 _____

③

제시어 炒股票(chǎo gǔ piào)

중 _____

④

제시어 发抖(fā dǒu), 气得(qì de)

중 _____

제시어 淋雨(lín yǔ)

중 _____

제시어 发呆(fā dāi)

중 _____

제시어 开罚单(kāi fá dān), 超速(chāo sù)

중 _____

제시어 相亲(xiāng qīn), 不满意(bù mǎn yì)

중 _____

04

제시어 打工(dǎ gōng)

중 _____

제시어 发脾气(fā pí qi)

중 _____

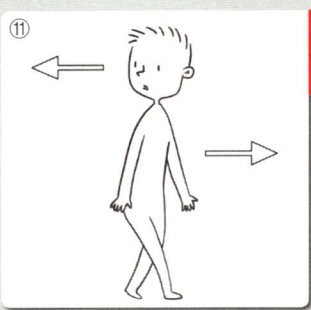

제시어 回头(huí tóu)

중 _____

제시어 舍不得(shě bu dé), 扔掉(rēng diào)

중 _____

1. 爸爸正在来回走动着
2. 煮鸡蛋可以蘸着盐吃
3. 哥哥在炒股票
4. 爸爸气得发抖
5. 弟弟淋着雨回家
6. 哥哥坐在椅子上发呆
7. 他因为开车超速被警察开罚单
8. 姐姐对相亲的人不满意
9. 我在便利店打工
10. 哥哥向弟弟发脾气
11. 他在回头看
12. 妈妈舍不得扔掉剩下的菜

05

① 제시어 逃跑(táo pǎo), 不备(bú bèi)

중 _____

② 제시어 咳嗽(ké sou), 整天(zhěng tiān)

중 _____

③ 제시어 留(liú), 垃圾桶(lā jī tǒng)

중 _____

④ 제시어 免费(miǎn fèi), 送(sòng)

중 _____

⑤

제시어 抄写(chāo xiě), 作业(zuò yè)

중 _____

⑥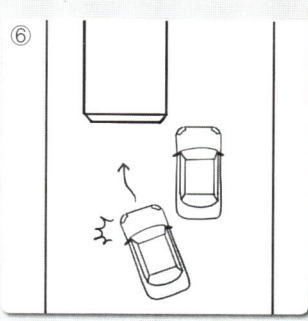

제시어 超车(chāo chē), 高速公路(gāo sù gōng lù)

중 _____

⑦

제시어 戴口罩(dài kǒu zhào), 空气污染(kōng qì wū rǎn)

(중) _____

⑧

제시어 倒(dào)

중 _____

05

제시어 拉开(lā kāi)

중 _____

제시어 在背后谈论别人(zài bèi hòu tán lùn bié rén)

중 _____

제시어 眨(zhǎ)

중 _____

제시어 拧干(nǐng gān), 洗的衣服(xǐ de yī fu)

중 _____

1. 小偷趁着警察不备逃跑了
2. 他整天咳嗽，脸都红了
3. 晚上，我把垃圾桶留在家外面
4. 买三个，免费送一个
5. 他在抄写别人的作业
6. 在高速公路上超车，是很危险的
7. 空气污染严重，人们戴着口罩出门
8. 弟弟把垃圾倒在桌子上
9. 弟弟在拉开门
10. 不要在背后谈论别人
11. 弟弟眨左眼
12. 妈妈总是把洗的衣服拧干后晾出去

06

제시어 **排队**(pái duì)

중 _____

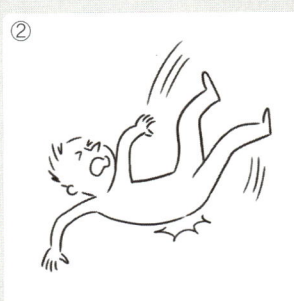

제시어 **摔倒**(shuāi dǎo), **滑**(huá)

중 _____

제시어 **转向**(zhuǎn xiàng), **电扇**(diàn shàn)

중 _____

제시어 **刷卡**(shuā kǎ)

중 _____

⑤

제시어 靠边(kào biān)

중 _____

⑥

제시어 照镜子(zhào jìng zi)

중 _____

⑦

제시어 掸(dǎn), 灰尘(huī chén)

중 _____

⑧

제시어 抓紧(zhuā jǐn)

중 _____

06

제시어 搓澡(cuō zǎo)

중 _____

제시어 收拾(shōu shi), 服务员(fú wù yuán)

중 _____

제시어 分期付款(fēn qī fù kuǎn)

중 _____

제시어 加(jiā), 减(jiǎn)

중 _____

1. 人们在排队上公交车

2. 我脚底下一滑,摔倒了

3. 我把电扇转向女朋友

4. 收银员问我现金付款还是刷卡

5. 行人靠边走

6. 女孩子很喜欢照镜子

7. 他掸掉衣服上的灰尘

8. 爸爸抓紧公交车上的扶手

9. 我帮爸爸搓澡

10. 餐厅服务员在收拾桌子

11. 我的车是用分期付款方式来买的

12. 一加二等于三,五减三等于二

07

제시어 抓(zhuā)

중 _____

제시어 吹(chuī), 口哨(kǒu shào)

중 _____

제시어 靠(kào), 墙(qiáng)

중 _____

제시어 睁开(zhēng kāi), 眼睛(yǎn jing)

중 _____

⑤ 제시어 **躲藏**(duǒ cáng)

중 _____

⑥ 제시어 **提交给**(tí jiāo gěi)

중 _____

⑦ 제시어 **烧水**(shāo shuǐ)

중 _____

⑧ 제시어 **躺**(tǎng)

중 _____

07

⑨ 제시어 关(guān)

중 _____

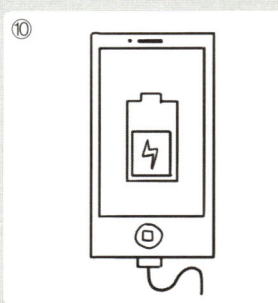

⑩ 제시어 充电(chōng diàn), 没电(méi diàn)

중 _____

⑪ 제시어 发霉(fā méi), 放很久(fàng hěn jiǔ)

중 _____

⑫ 제시어 跑步(pǎo bù)

중 _____

1. 有人在抓头发
2. 哥哥用口哨吹出一首歌儿
3. 一个男人背靠着墙
4. 一个人正在睁开眼睛
5. 一个男孩躲藏在墙后面
6. 我把业务报告提交给部长
7. 哥哥在烧水
8. 我躺在床上
9. 有人在关窗
10. 手机没电的时候，需要充电
11. 妈妈把面包放了很久，发霉了
12. 我在公园里跑步

08

제시어 失眠(shī mián)

중 _____

제시어 找零钱(zhǎo líng qián)

중 _____

제시어 摘(zhāi), 帽子(mào zi)

중 _____

제시어 点(diǎn), 蜡烛(là zhú)

중 _____

⑤

제시어 打喷嚏(dǎ pēn tì)

중 _____

⑥

제시어 闯红灯(chuǎng hóng dēng)

중 _____

⑦

제시어 拥抱(yōng bào)

중 _____

⑧

제시어 盖盖子(gài gài zi)

중 _____

08

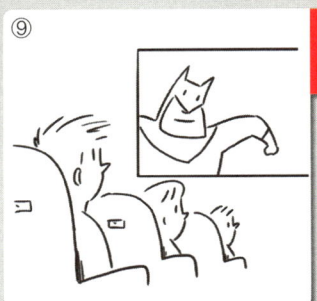

제시어 **放映**(fàng yìng)

중 _____

제시어 **打的**(dǎ dī)

중 _____

제시어 **面谈**(miàn tán)

중 _____

제시어 **打扰**(dǎ rǎo)

중 _____

1. 晚上喝了一杯浓咖啡，终于失眠了
2. 商店的老板找零钱给我
3. 有人正在摘帽子
4. 妈妈在点蜡烛
5. 哥哥在打喷嚏
6. 一辆卡车在闯红灯
7. 爸爸在拥抱孩子
8. 喝完水，要把盖子盖上
9. 电影院放映电影
10. 下雨天，我打的回家
11. 我在和老师面谈
12. 哥哥在读书，不要打扰他

09

제시어 存(cún), 银行(yín háng)

중 _____

제시어 打开(dǎ kāi)

중 _____

제시어 人行横道(rén xíng héng dào)

중 _____

제시어 堵车(dǔ chē)

중 _____

제시어 打饱嗝(dǎ bǎo gé)

중 _____

제시어 加油(jiā yóu)

중 _____

제시어 卖光(mài guāng)

중 _____

제시어 付钱(fù qián)

중 _____

09

⑨
제시어 梳(shū)

중 _____

⑩
제시어 扣扣子(kòu kòu zi)

중 _____

⑪
제시어 转交给(zhuǎn jiāo gěi)

중 _____

⑫
제시어 鼓掌(gǔ zhǎng)

중 _____

① 妈妈把钱存在银行

② 一个男孩在打开一个小盒子

③ 过马路一定要走人行横道

④ 上下班时间堵车很严重

⑤ 他吃得很饱，不停的打饱嗝

⑥ 我在加油站加油

⑦ 电影院的票都卖光了

⑧ 在超市，先买东西，后付钱

⑨ 妹妹在梳头发

⑩ 妈妈让我把衣服上的扣子全部扣好

⑪ 朋友请我把便条转交给一个女孩子

⑫ 观众在鼓掌

10

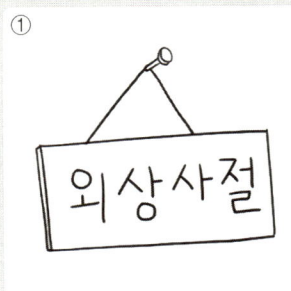

제시어 赊账(shē zhàng)

중 _____

제시어 盖(gài)

중 _____

제시어 数(shǔ)

중 _____

제시어 接电话(jiē diàn huà)

중 _____

⑤

제시어 打平(dǎ píng)

중 _____

⑥

제시어 插嘴(chā zuǐ)

중 _____

⑦

제시어 卡(qiǎ)

중 _____

⑧

제시어 趴着睡(pā zhe shuì)

중 _____

10

⑨ 제시어 **苦恼**(kǔ nǎo)

중 _____

⑩ 제시어 **天黑**(tiān hēi)

중 _____

⑪ 제시어 **掏出**(tāo chū)

중 _____

⑫ 제시어 **出差**(chū chāi)

중 _____

1. 本店谢绝赊账
2. 市区有很多新盖的公寓
3. 我数了数找回的钱，还差一千元
4. 我在接电话
5. 这场比赛两个队又打平了
6. 我们说话时，他一直插嘴
7. 鱼刺卡在我嗓子里
8. 中午太困，我趴着睡了一会儿
9. 我在苦恼应该走哪条路
10. 他工作到天黑
11. 朋友从口袋里掏出钱
12. 我正在准备出差

11

제시어 想念(xiǎng niàn), 家乡(jiā xiāng)

중 _____

제시어 开瓶盖(kāi píng gài)

중 _____

제시어 上菜(shàng cài)

중 _____

제시어 洗澡(xǐ zǎo)

중 _____

⑤

제시어 挑(tiāo)

중 _____

⑥

제시어 跳舞(tiào wǔ)

중 _____

⑦

제시어 睡懒觉(shuì lǎn jiào)

중 _____

⑧ 2×3=6
6÷2=3

제시어 乘以(chéng yǐ), 除以(chú yǐ)

중 _____

11

⑨ 제시어 敲 (qiāo)

중 _____

⑩ 제시어 堵(dǔ)

중 _____

⑪ 제시어 戴(dài)

중 _____

⑫ 제시어 上网(shàng wǎng)

중 _____

1. 每个人都想念自己的家乡

2. 我用起子开瓶盖

3. 这家餐厅一般，上菜需要一个小时

4. 我每天洗澡

5. 我去商店随便挑了一个手表

6. 妹妹在跳舞

7. 我每天早上睡懒觉

8. 二乘以三等于六，六除以二等于三

9. 有人用手敲墙

10. 家里的马通堵了

11. 有个人在戴帽子

12. 现在用手机可以上网

12

제시어 推(tuī)

중 _____

제시어 送(sòng)

중 _____

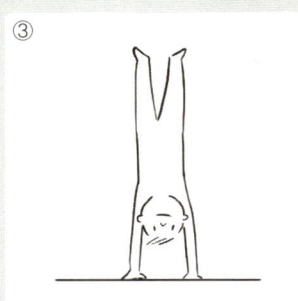

제시어 倒立(dào lì)

중 _____

제시어 看不起(kàn bu qǐ)

중 _____

⑤ 제시어 给A看B(gěi A kàn B)

중 _____

⑥ 제시어 涂(tú)

중 _____

⑦ 제시어 扎头发(zā tóu fa)

중 _____

⑧ 제시어 放(fàng)

중 _____

12

⑨ 제시어 赶不上(gǎn bú shàng)

중

⑩ 제시어 系(jī)

중

⑪ 제시어 伸懒腰(shēn lǎn yāo)

중

⑫ 제시어 倒酒(dào jiǔ)

중

1. 弟弟在推桌子
2. 我把礼物送给女朋友
3. 偶尔倒立，可以帮助血液循环
4. 不要看不起比自己年纪小的人
5. 哥哥给朋友看自己的照片
6. 我每天早上涂护肤面霜
7. 用橡皮筋把头发扎起来
8. 妈妈把苹果放在盘子上
9. 前面的人跑得太快，我赶不上
10. 开车一定要系安全带
11. 我习惯早上起来伸懒腰
12. 我给朋友倒酒

13

①

제시어 **弹吉它**(tán jí tā)

중 _____

②

제시어 **找**(zhǎo)

중 _____

③

제시어 **举手**(jǔ shǒu)

중 _____

④

제시어 **期盼**(qī pàn)

중 _____

⑤ 제시어 买门票(mǎi mén piào)

중 _____

⑥ 제시어 搬(bān)

중 _____

⑦ 제시어 打架(dǎ jià)

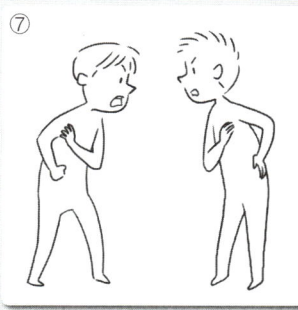

중 _____

⑧ 제시어 洗(xǐ)

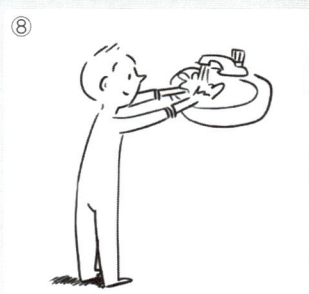

중 _____

13

| 제시어 | 骑(qí) |

중 _____

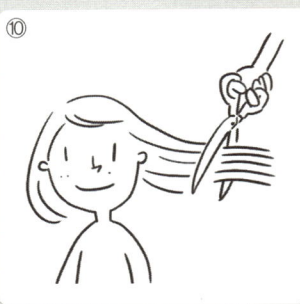

| 제시어 | 剪(jiǎn) |

중 _____

| 제시어 | 吹(chuī), 气球(qì qiú) |

중 _____

| 제시어 | 刮(guā) |

중 _____

13

1. 我在弹吉他，朋友在唱歌
2. 我在找工作
3. 他在举手
4. 每个人都期盼星期天
5. 这部电影很受欢迎，门票都买不到
6. 箱子太重，我搬不动
7. 两个人有打架的架势
8. 吃饭前，一定要洗手
9. 骑摩托车一定要戴头盔
10. 一个女孩在剪头发
11. 弟弟在吹气球
12. 我在刮胡须

14

제시어 张开(zhāng kāi)

중 _____

제시어 送(sòng)

중 _____

제시어 充交通卡(chōng jiāo tōng kǎ)

중 _____

제시어 撑雨伞(chēng yǔ sǎn)

중 _____

제시어 | 退货(tuì huò)

중 _____

제시어 | 扫地(sǎo dì)

중 _____

제시어 | 卖(mài) ↔ 买(mǎi)

중 _____

제시어 | 交给~(jiāo gěi)

중 _____

14

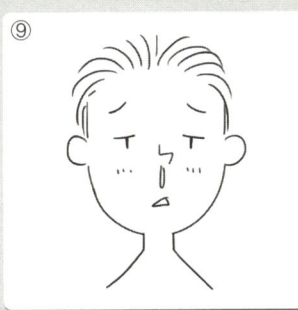

제시어 流鼻涕(liú bí tì)

중 _____

제시어 兜风(dōu fēng)

중 _____

제시어 蹲(dūn)

중 _____

제시어 跪(guì)

중 _____

1. 妹妹在张开嘴

2. 我把朋友送到公车站

3. 我去充交通卡

4. 爸爸撑着一把伞

5. 网上买的东西可以退货

6. 我在扫地

7. 超市卖面包，饮料，水果等

8. 我把一个盒子交给快递师傅

9. 弟弟感冒了，还流鼻涕

10. 我开着车兜风去了

11. 爸爸蹲在地上吸烟

12. 我跪在地上祈祷

15

제시어 呼吸(hū xī)

중 _____

제시어 外带(wài dài)

중 _____

제시어 复仇(fù chóu), 电影(diàn yǐng)

중 _____

제시어 吃零食(chī líng shí)

중 _____

⑤  제시어 拧(nǐng)

중 _____

⑥  제시어 顶嘴(dǐng zuǐ)

중 _____

⑦  제시어 锻炼(duàn liàn)

중 _____

⑧  제시어 借(jiè)

중 _____

15

제시어 握手(wò shǒu)

중 _____

제시어 习惯(xí guàn)

중 _____

제시어 天亮(tiān liàng)

중 _____

제시어 伸出(shēn chū)

중 _____

1. 一个人在深呼吸

2. 这家咖啡店的咖啡，可以外带

3. 这部电影里面有很多复仇内容

4. 如果多吃零食，会发胖

5. 我把瓶盖用力拧开

6. 小孩不要和大人顶嘴

7. 锻炼身体是非常重要的

8. 哥哥借钱给我

9. 两个人在握手

10. 人们习惯把手机带在身边

11. 哥哥读书到天亮

12. 弟弟伸出他的舌头

PART 04

일상 회화에서 잘 사용하지는 않지만
서적이나 TV에서 자주 인용되는 成語

01 노력과 관련한 成语

愚公移山 (yú gōng yí shān)	우공(愚公)이 산을 옮긴다는 말로, 겉으론 어리석어 보이나 한 가지 일을 끝까지 하면 언제가는 뜻을 이룬다는 뜻
全力以赴 (quán lì yǐ fù)	어떤 일에 최선을 다한다는 뜻
东奔西走 (dōng bēn xī zǒu)	동쪽으로, 서쪽으로 바삐 돌아다닌다는 뜻
水滴石穿 (shuǐ dī shí chuān)	물방울이 바위를 뚫는다는 말로 끈기를 강조
犬马之劳 (quǎn mǎ zhī láo)	개와 말의 하찮은 힘이라는 뜻으로, 윗사람에게 바치는 자신의 노력을 낮춘다는 뜻
百折不屈 (bǎi zhé bù qū)	백 번 꺾여도 굴하지 않는다는 말로, 어떤 어려움에도 굴하지 않는다는 뜻
驽马十驾 (nú mǎ shí jià)	둔한 말도 열흘 동안 수레를 끌 수 있다는 말로 재주 없는 사람도 노력하면 재주 있는 사람과 어깨를 나란히 할 수 있다는 뜻
马不停蹄 (mǎ bù tíng tí)	달리는 말은 말굽을 멈추지 않는다는 말로 성과에 만족하지 않고 더욱 정진한다는 뜻
群轻折轴 (qún qīng zhé zhóu)	가벼운 물건이라도 많이 모이면 수레의 축을 부러뜨릴 수 있다는 말로 작은 힘이라도 모이면 큰일을 이룰 수 있다는 뜻

02 성공과 관련한 成语

衣锦还乡 (yī jǐn huán xiāng)	비단옷을 입고 고향에 돌아온다는 말로 출세하여 고향에 돌아옴을 뜻한다
立身扬名 (lì shēn yáng míng)	사회적으로 인정받고 성공하여 이름을 세상에 드날린다는 뜻
大器晚成 (dà qì wǎn chéng)	큰 그릇은 오랜 연마를 거쳐 늦게 이루어진다는 말로 큰 인물은 오랜 공적을 거쳐 만들어진다는 뜻
流芳百世 (liú fāng bǎi shì)	꽃다운 이름이 후세에 길이 전한다는 뜻
出谷迁乔 (chū gǔ qiān qiáo)	봄이면 새가 깊은 골짜기에서 나와 높은 나무에 앉는다는 말로 사람의 출세를 비유한다
破壁飞去 (pò bì fēi qù)	벽을 깨고 날아갔다는 말로 평범한 사람이 갑자기 출세함을 나타낸다
磨斧作针 (mó fǔ zuò zhēn)	도끼를 갈아 바늘을 만든다는 말로 힘든 일이라도 끈기와 인내로 성공을 이룬다는 뜻
青云之士 (qīng yún zhī shì)	고관대작으로 입신출세한 사람을 이르는 말
登龙门 (dēng lóng mén)	용문에 오른다는 말로 입신출세의 관문을 뜻한다

03 교훈과 관련한 成语

孟母三迁之教 (mèng mǔ sān qiān zhī jiào)	맹자의 어머니가 아들의 교육을 위해서 세 번 이사했다는 말로 교육에 있어 환경이 중요함을 뜻한다
他山之石 (tā shān zhī shí)	다른 산의 돌이란 말로 다른 산의 하찮은 돌이라도 내 옥을 가는 숫돌로 사용할 수 있다. 타인을 교훈으로 삼는다는 뜻
前车覆辙 (qián chē fù zhé)	앞 수레가 엎어진 바퀴 자국이라는 말로 다른 사람의 실패를 경계로 삼는다는 뜻
吴牛喘月 (wú niú chuǎn yuè)	오나라의 소가 달을 보고 헐떡인다는 말로 공연한 일에 지레 겁먹고 허둥대는 사람을 빗대는 말
安不忘危 (ān bú wàng wēi)	편안한 가운데 늘 위험을 잊지 않는다는 말로 미리 어려움에 대처한다는 뜻
打草惊蛇 (dǎ cǎo jīng shé)	막대기로 풀을 쳐서 뱀을 놀라게 한다는 말로 을을 징계해 갑을 경계한다는 의미
断机之戒 (duàn jī zhī jiè)	학업을 중도에 그만두는 것은 베의 날을 끊는 것과 같이 아무런 이익이 없다는 뜻
星火燎原 (xīng huǒ liáo yuán)	작은 불씨가 퍼지면 넓은 들을 태운다는 말로 작은 일이라도 처음에 그르치면 나중에 큰 일이 된다는 뜻
有备无患 (yǒu bèi wú huàn)	미리 준비가 되어있으면 근심이 없다는 뜻

欲速不达 (yù sù bù dá)	빨리 하고자 하면 도달하지 못하며, 급하면 도리어 이루지 못한다는 뜻
瓜田李下 (guā tián lǐ xià)	오이밭에서 신발을 고치지 말고, 오얏(자두)나무 밑에서 갓끈을 고치지 말라는 말로 남의 의심을 받기 쉬운 일을 하지 말라는 뜻
顶门一针 (dǐng mén yī zhēn)	상대방의 급소를 찌르는 따끔한 충고나 교훈이라는 뜻
惊弓之鸟 (jīng gōng zhī niǎo)	한번 화살에 놀란 새는 구부러진 나무만 봐도 놀란다는 뜻
近墨者黑 (jìn mò zhě hēi)	먹을 가까이하면 검어진다는 말로 나쁜 사람을 가까이하면 그 버릇에 물들기 쉽다는 뜻
自怨自艾 (zì yuàn zì yì)	자신의 잘못을 뉘우치고 스스로 허물을 고친다는 뜻
画龙类狗 (huà lóng lèi gǒu)	큰일을 하다가 이루지 못하면 모든 것이 실패로 돌아가 한 가지 작은 일도 이룰 수 없다는 뜻
泣斩马谡 (qì zhǎn mǎ sù)	눈물을 머금고 마속의 목을 벤다는 말로 사랑하는 신하를 법대로 처단해 질서를 바로잡음을 뜻한다
惩一警百 (chéng yī jǐng bǎi)	한 사람을 벌주어 여러 사람을 경계시킨다는 뜻

04
욕심, 무능함과 관련한 成语

一举两得 (yì jǔ liǎng dé)	한 가지 일로 두 가지 이득을 본다는 뜻
一树百获 (yí shù bǎi huò)	한 나무에서 백배를 수확한다는 말로 한 사람의 인재를 길러냄이 사회에는 막대한 이익을 준다는 뜻
明珠弹雀 (míng zhū tán què)	귀중한 구슬을 탄환으로 새를 쏜다는 말로 작은 것을 얻으려다가 큰 손해를 본다는 뜻
刻舟求剑 (kè zhōu qiú jiàn)	칼을 강물에 떨어뜨리자 그 자리를 배에 표시한다는 말로 판단력이 둔하고 융통성이 없음을 뜻한다
助长拔苗 (zhù zhǎng bá miáo)	빨리 자라라고 모를 뽑는다는 말로 성과를 빨리 보기 위해 무리한 힘을 가하는 것이 오히려 일을 해치게 됨을 뜻한다
困兽犹斗 (kùn shòu yóu dòu)	위급한 상황에는 짐승일지라도 적을 향해 덤빈다는 말로 궁지에 몰리면 약자도 강자를 해칠 수 있다는 뜻
守株待兔 (shǒu zhū dài tù)	나무 그루터기를 지켜 토끼를 기다린다는 말로 고지식하고 융통성이 없어 구습과 전례만 고집하는 것을 뜻한다
小贪大失 (xiǎo tān dà shī)	작은 것을 탐하다 큰 것을 잃는다는 뜻
杞人忧天 (qǐ rén yōu tiān)	기나라 사람의 걱정이라는 말로 쓸데없는 걱정을 뜻한다

杯水救车 (bēi shuǐ jiù chē)	한 잔의 물로 수레에 가득 실린 땔감에 붙은 불을 끈다는 말로 불가능에도 불구하고 어리석은 짓을 한다는 뜻
渔人之利 (yú rén zhī lì)	조개와 황새가 다투는 통에 어부가 두 가지를 다 잡는다는 말로 제3자가 이익을 얻는 것을 뜻한다
玩火自焚 (wán huǒ zì fén)	불을 가지고 놀다가 자신을 태운다는 말로 자업자득을 뜻한다
画蛇添足 (huà shé tiān zú)	뱀을 그리고 발을 더 그린다는 말로 필요 이상의 쓸데없는 행동으로 일을 그르침을 뜻한다
缘木求鱼 (yuán mù qiú yú)	나무에 올라가 물고기를 구한다는 말로 방법이 맞지 않아 목적을 이룰 수 없음을 뜻한다
过犹不及 (guò yóu bù jí)	정도가 지나치면 미치지 못한 것과 같다는 뜻
首鼠两端 (shǒu shǔ liǎng duān)	구멍으로 머리를 내민 쥐가 나갈까 말까 망설인다는 말로 거취를 결정하지 못하고 망설이는 모양을 뜻한다.
车鱼之叹 (chē yú zhī tàn)	수레와 고기가 없음을 한탄하는 말로 사람의 욕심에는 끝이 없음을 뜻한다
金迷纸醉 (jīn mí zhǐ zuì)	호화롭고 사치스러운 생활에 빠져드는 것을 뜻한다

05 위기와 관련한 成语

一触即发 (yí chù jí fā)	화살이 시위에 있어 손만 대면 발사된다는 말로 조그만 자극에도 큰일이 벌어질 것 같은 아슬아슬한 상태를 뜻한다
(如堕)五里雾中 (rú duò wǔ lǐ wù zhōng)	짙은 안개에 빠진 듯 하다(오리무중)는 말로 일의 갈피를 잡기가 어렵다는 뜻
(胜败)兵家常事 (shèng bài bīng jiā cháng shì)	병가(兵家)에서 승패는 늘 존재한다는 말로 흔히 있는 일을 뜻한다
名在朝暮 (míng zài zhāo mù)	운명이 경각에 달려있음을 뜻한다
塞翁失马(=塞翁之马) (sài wēng shī mǎ)	사방에서 들리는 초나라 노래라는 말로 고립되어 누구에게도 도움을 받을 수 없는 상태를 뜻한다
危急存亡之秋 (wēi jí cún wáng zhī qiū)	사방에 사는 노인이 말을 잃어버린다라는 말로 세상만사 변화가 많아 어느 것이 화(祸)가 될지 복(福)이 될지 모른다는 뜻
山穷水尽 (shān qióng shuǐ jìn)	죽느냐 사느냐의 중대한 경우를 뜻한다
平地风波 (píng dì fēng bō)	산길과 물길이 막바지까지 다다르다라는 말로 궁지에 몰림을 일컫는다
杞人忧天 (qǐ rén yōu tiān)	뜻밖의 재난, 날벼락을 뜻한다

卷土重来 (juǎn tǔ chóng lái)	실패 후 새롭게 힘을 길러 재기한다는 뜻
措手不及 (cuò shǒu bù jí)	일이 급해 미처 손쓸 새가 없다는 뜻
殃及池鱼 (yāng jí chí yú)	城门失火，殃及池鱼 (chéng mén shī huǒ, yāng jí chí yú) 성문의 불을 끄려고 연못의 물을 퍼다 써 물고기가 말라 죽었다는 말로 까닭 없이 화를 당함을 뜻한다
河清难俟 (hé qīng nán sì)	항상 흐린 황하의 물이 천 년에 한번 맑아진다는 말로 기다릴 수 없음을 뜻한다
涸辙鲋鱼 (hé zhé fù yú)	수레바퀴 자국에 고인 물 속의 붕어라는 말로 매우 위급한 상황에 처한 사람을 뜻한다
煮豆燃萁 (zhǔ dòu rán qí)	콩을 삶는데 콩깍지를 태운다는 말로 형제가 서로 시기하고 싸움을 뜻한다(골육상잔)
破釜沉舟 (pò fǔ chén zhōu)	솥을 깨뜨리고 배를 가라앉힌다는 말로 싸움터로 나가며 죽기를 각오한다는 뜻(결사항전)
穷鸟入怀 (qióng niǎo rù huái)	쫓기던 새가 사람의 품 안으로 들어온다는 말로 사람이 궁하면 적에게도 의지한다는 뜻
骑虎难下 (qí hǔ nán xià)	호랑이를 타고 달리는 사람이 도중에 내릴 수 없는 것처럼 무슨 일을 하다가 도중에 그만둘 수 없는 형세를 뜻한다

06 외로움과 출중함에 관련한 成语

天涯地角 (tiān yá dì jiǎo)	하늘의 끝과 땅끝을 아우르는 말로 서로 멀리 떨어져 있음을 뜻한다
孤立无援 (gū lì wú yuán)	고립되어 도움을 받을 때가 없다는 뜻
黍离之叹 (shǔ lí zhī tàn)	나라가 멸망해 궁궐 터에 기장만이 자라는 것을 보고 탄식한다는 뜻
三寸之舌 (sān cùn zhī shé)	세치의 혀라는 말로 빼어난 말재주를 뜻한다
下笔成文 (xià bǐ chéng wén)	붓을 들기만 하면 문장이 만들어진다는 말로 빼어난 글솜씨를 뜻한다
佳人薄命 (jiā rén bó mìng)	여자의 용모가 너무 출중하면 운명이 기박하고 명이 짧다는 뜻
出蓝之誉 (chū lán zhī yù)	제자가 스승보다 낫다는 평판이나 명성이라는 뜻
十步芳草 (shí bù fāng cǎo)	열 걸음 안에 아름다운 꽃과 풀이 있다는 말로 세상에는 훌륭한 인재가 많이 있다는 뜻
囊中之锥 (náng zhōng zhī zhuī)	주머니 속의 송곳이라는 말로 재능이 뛰어난 사람은 있어도 저절로 눈에 드러난다는 뜻

PART 05

30일 단어장

1일

白天	bái tiān	낮, 대낮
中午	zhōng wǔ	정오, 낮 12시 전후
傍晚	bàng wǎn	저녁 무렵, 황혼
年底	nián dǐ	연말, 세밑
过年	guò nian	몡 내년 통 설을 쇠다
节日	jié rì	기념일, 명절
便道	biàn dào	인도, 보도
池塘	chí táng	연못
开放	kāi fàng	개방하다
猪	zhū	돼지
翅膀	chì bǎng	(새, 곤충의) 날개
指甲	zhǐ jia	손톱
心脏	xīn zàng	심장
去世	qù shì	돌아가시다, 죽다
培养	péi yǎng	배양하다, 육성하다
肥	féi	지방이 많다, 살찌다
瘦	shòu	마르다, 여위다
胖	pàng	뚱뚱하다
咳嗽	ké sou	기침하다
力气	lì qi	힘, 역량

2일

~的话	de huà	(조사) ~한다면, ~이면
假如	jiǎ rú	만일, 가령
~来说	~lái shuō	~으로 말하자면
另外	lìng wài	그밖에, 다른
使得	shǐ de	~로 하여금 ~하게 하다
要不	yào bù	(접속사) 그렇지 않으면
~以外	~yǐ wài	~이외에
靠近	kào jìn	가까이 가다, 다가가다
对面	duì miàn	맞은편, 반대편
大多数	dà duō shù	대다수의, 대부분의
尺码	chǐ mǎ	(신발, 모자 등의) 치수, 사이즈
号码	hào mǎ	번호, 숫자
身材	shēn cái	몸매
长途	cháng tú	장거리의
稍微	shāo wēi	약간, 조금
恐怕	kǒng pà	아마 ~일 것이다
广泛	guǎng fàn	광범위하다
一共	yí gòng	모두, 합계
通过	tōng guò	(한쪽에서 다른 쪽으로)지나가다, 통과하다 / (법안 등이) 통과되다 / ~통하여
关头	guān tóu	결정적 시기, 전환점, 고비

3일

沉重	chén zhòng	(무게, 기분, 부담) 몹시 무겁다
灿烂	càn làn	찬란하다, 눈부시다
彩色	cǎi sè	여러가지 색 , 컬러 색, 채색
味道	wèi dao	맛, 냄새
暖和	nuǎn huo	따뜻하다
陆续	lù xù	잇따라, 연이어
热闹	rè nao	떠들썩하다, 시끌벅적하다
安静	ān jìng	조용하다
平静	píng jìng	차분하다, 평온하다
赶紧	gǎn jǐn	서둘러, 재빨리
顺便	shùn biàn	~하는 김에
趁	chèn	~을 틈타, (시간, 기회 등을) 이용하여
当中	dāng zhōng	그 가운데
一辈子	yí bèi zi	한평생, 일생
一会儿	yí huìr	짧은 시간, 잠깐, 잠시
暂时	zàn shí	잠시, 잠깐
经常	jīng cháng	평소, 언제나
随时	suí shí	수시로 , 언제나
偶尔	ǒu' ěr	때때로 , 이따금
一下子	yí xià zi	단숨에, 갑자기

4일

顿时	dùn shí	문득, 갑자기
万一	wàn yī	만약, 만일
价钱	jià qian	가격
回头	huí tóu	고개를(머리를) 돌리다
其次	qí cì	그 다음, (순서적으로) 두 번째 것
开头	kāi tóu	시작, 처음, 첫머리
逐步	zhú bù	한걸음 한걸음
不停	bù tíng	계속해서, 쉬지 않고
差点儿	chà diǎn r	하마터면
到底	dào dǐ	도대체
刚刚	gāng gāng	지금 막, 방금
当时	dāng shí	당시, 그 때
前途	qián tú	전도, 앞길, 전망
面貌	miàn mào	용모, 생김새, (사물의) 면모
隆重	lóng zhòng	성대하고 웅장하다
说不定	shuō bú dìng	아마, 짐작컨대, 아마 ~일 것이다
明确	míng què	명확하다, 확실하다
确实	què shí	확실하다, 믿을 만하다
准确	zhǔn què	정확하다
肯定	kěn dìng	확실히, 틀림없이

5일

便宜	pián yi	(값이) 싸다
贵	guì	(값이) 비싸다
精彩	jīng cǎi	훌륭하다, 멋지다
好处	hǎo chu	좋은 점, 이로운 점
优点	yōu diǎn	장점
毛病	máo bìng	(기계의) 고장, (사람의) 결함, 단점
适当	shì dàng	적절하다, 적당하다
方便	fāng biàn	편리하다
用不着	yòng bu zháo	필요치 않다
撒谎	sā huǎng	거짓말을 하다
漂亮	piào liang	예쁘다, 아름답다
好看	hǎo kàn	예쁘다
清洁	qīng jié	청결하다, 清洁车(쓰레기차)
干净	gān jìng	깨끗하다
灰尘	huī chén	먼지
普遍	pǔ biàn	보편적인, 일반적인
特征	tè zhēng	특징
系统	xì tǒng	시스템, 체계
结构	jié gòu	구성, 구조, 조직
等于	děng yú	~와 같다

6일

反正	fǎn zhèng	아무튼, 어쨌든
相对	xiāng duì	비교적으로, 상대적으로
难得	nán dé	~하기가 쉽지 않다
随手	suí shǒu	~하는 김에
水平	shuǐ píng	수준
不要紧	bù yào jǐn	괜찮다, 문제될 것이 없다
充分	chōng fèn	충분하다
仅仅	jǐn jǐn	단지, 다만, 겨우
算了	suàn le	됐어, 필요 없어(구어체)
至少	zhì shǎo	적어도, 최소한
差不多	chà bu duō	(시간, 정도 등이) 거의 같다, 비슷하다
根本	gēn běn	근본적으로
了不起	liǎo bu qǐ	굉장하다, 대단하다, 뛰어나다
有点	yǒu diǎn	약간, 조금
深刻	shēn kè	(인상이) 깊다, (느낌이) 강렬하다
进一步	jìn yí bù	(한걸음 더) 나아가
不仅	bù jǐn	~뿐만 아니라
稳定	wěn dìng	안정되다
哆嗦	duō suō	(한걸음 더) 나아가
发抖	fā dǒu	(벌벌) 떨다

7일

建立	jiàn lì	수립하다, 세우다
艰难	jiān nán	곤란하다, 어렵다
摔	shuāi	(몸이 균형을 잃고) 넘어지다
帅	shuài	(남자가) 잘 생기다, 멋지다
转移	zhuǎn yí	(위치, 방향) 이동시키다
围绕	wéi rào	주위를 돈다, (문제나 일을) 둘러싸다
开展	kāi zhǎn	전개되다, 전개하다
路过	lù guò	거치다, 지나가다
传播	chuán bō	널리 퍼뜨리다
挡住	dǎng zhù	막다, 저지하다
吸引	xī yǐn	끌어 당기다, 매료시키다
掏	tāo	(손이나 도구로) 꺼내다, 끄집어 내다
面对	miàn duì	직면하다
贴	tiē	붙이다
碰	pèng	부딪히다, 충돌하다, 우연히 만나다
缝	féng	꿰매다, 깁다
连接	lián jiē	연결하다, 잇다
拴	shuān	(끈으로) 묶다, 붙들어 매다
重叠	chóng dié	중첩되다, 중복되다
挂	guà	(고리, 못 등에) 걸다

8일

泡沫	pào mò	거품, 포말
躲藏	duǒ cáng	숨다, 피하다
显示	xiǎn shì	뚜렷하게 나타내 보이다
晒	shài	햇볕을 쬐다, 햇볕에 말리다
笼罩	lǒng zhào	덮어 씌우다, 뒤덮다
突出	tū chū	돌파하다, 돋보이다, 뛰어나다
拧	nǐng	비틀다, 비틀어 돌리다
捞	lāo	(물이나 액체 속에서) 건지다, 끌어 올리다
扩大	kuò dà	(범위나 규모) 확대하다, 넓히다
转变	zhuǎn biàn	전환하다, 바뀌다
加强	jiā qiáng	강화하다
完整	wán zhěng	완벽하다, 나무랄 데가 없다
整齐	zhěng qí	단정하다, 가지런하다
规矩	guī ju	규율, 규정, 습관
塌	tā	무너지다, 붕괴하다
丢失	diū shī	잃어 버리다
缺少	quē shǎo	(인원이나 물건 수량이) 부족하다
补充	bǔ chōng	보충하다
包括	bāo kuò	포함하다
引起	yǐn qǐ	야기하다, (사건 등을) 일으키다

9일

繁荣	fán róng	(경제나 사업이) 번창하다, 번영하다
拥挤	yōng jǐ	붐비다, 혼잡하다
沉着	chén zhuó	침착하다
舒适	shū shì	편안하다, 쾌적하다
开辟	kāi pì	개통하다, 개척하다
结束	jié shù	끝나다, 마치다, 종결하다
遭到	zāo dào	(불행이나 불리한 일을) 당하다, 겪다
接着	jiē zhe	이어서, 잇따라
反复	fǎn fù	반복하다
耽误	dān wu	(시간을) 지체하다
落后	luò hòu	낙후되다, 뒤떨어지다
来得及	lái de jí	늦지 않다, (시간이 있어) 돌 볼(손 쓸) 수 있다
来不及	lái bu jí	(시간이 없어) 돌 볼 틈이 없다
有关	yǒu guān	관계가 있다
按照	àn zhào	~에 따라
来源	lái yuán	(사물의) 근원, 출처
成果	chéng guǒ	성과, 결과
成就	chéng jiù	(사업상의) 성취, 성과
脑子	nǎo zi	머리, 두뇌, 기억력
影响	yǐng xiǎng	영향, 영향을 주다

10일

接受	jiē shòu	받아들이다, 수락하다
糟糕	zāo gāo	엉망이 되다, 못 쓰게 되다
合适	hé shì	적합하다
符合	fú hé	부합하다
值得	zhí dé	~할 가치가 있다
代替	dài tì	대체하다, 대신하다
相似	xiāng sì	비슷하다
陌生	mò shēng	생소하다, 낯설다
目前	mù qián	현재, 지금
点头	diǎn tóu	(허락, 납득의 의미로) 고개를 끄덕이다
擦	cā	닦다, 문지르다
抓	zhuā	(손가락 등으로) 꽉 쥐다, 긁다, 할퀴다
酸	suān	(맛이) 시다
甜	tián	(맛이) 달다
苦	kǔ	(맛이) 쓰다, 힘들다, 고생스럽다
辣	là	(맛이) 맵다
跨	kuà	뛰어넘다, 건너뛰다, (일정 한계를) 뛰어넘다
来回	lái huí	왕복하다
来自	lái zì	~로부터 나오다, ~로부터 생겨나다
摆脱	bǎi tuō	(속박, 규제, 어려움에서) 벗어나다

11일

出差	chū chāi	출장가다
从来	cóng lái	(과거부터) 지금까지, 여태껏
显得	xiǎn de	(어떤 상황이) ~인 것 같다, ~인 것처럼 보인다
应该	yīng gāi	마땅히 ~해야 한다
虽然	suī rán	비록 ~일지라도
大概	dà gài	아마(도), 대략
有些	yǒu xiē	조금 있다, 약간, 조금
几乎	jī hū	거의
马上	mǎ shàng	바로, 즉시
首先	shǒu xiān	우선, 맨 먼저
提前	tí qián	(예정된 시간, 위치를) 앞당기다
顺利	shùn lì	순조롭다
清楚	qīng chu	분명하다, 명백하다
难怪	nán guài	어쩐지, 과연 / ~하는 것이 당연하다
特意	tè yì	특별히, 일부러
厉害	lì hai	대단하다, 굉장하다 / 무섭다, 엄하다
扶	fú	(넘어지지 않도록) 짚다, 기대다 / 부축하다
滚	gǔn	구르다, 뒹굴다 / 저리가!, 꺼져!
砍	kǎn	(도끼 등으로) 찍다, 패다
刮	guā	(칼 날로) 깎다, 긁어내다

跑步	pǎo bù	달리다, 구보하다
爬山	pá shān	등산하다
随身	suí shēn	곁에 붙어 다니다 / 몸에 지니다, 휴대하다
盖	gài	뚜껑, 덮개, 마개
找	zhǎo	찾다, 구하다
只好	zhǐ hǎo	부득이, ~할 수밖에 없다
认真	rèn zhēn	진지하다, 착실하다
不好意思	bù hǎo yì si	부끄럽다, 쑥스럽다, ~하기 계면쩍다
礼貌	lǐ mào	예의
瞌睡	kē shuì	졸리다
地址	dì zhǐ	주소
地板	dì bǎn	마루, 바닥
水泥	shuǐ ní	시멘트
汽油	qì yóu	휘발유, 가솔린
口袋	kǒu dai	주머니, 호주머니
洗澡	xǐ zǎo	목욕하다
开水	kāi shuǐ	끓인 물
脸色	liǎn sè	안색, 얼굴빛
哭	kū	울다
嗓子	sǎng zi	목소리

13일

嘴巴	zuǐ ba	입
疲倦	pí juàn	피곤하다
慌忙	huāng máng	황망하다
着急	zháo jí	조급해하다, 안달하다
盯	dīng	주시하다, 응시하다
针对	zhēn duì	겨누다, 견주다
指出	zhǐ chū	밝히다, 지적하다
号召	hào zhào	호소하다
签字	qiān zì	서명하다, 사인하다
眼色	yǎn sè	윙크, 눈짓
表达	biǎo dá	(자신의 사상, 감정을) 나타내다, 표현하다
抄	chāo	베끼다, 베껴 쓰다
报名	bào míng	신청하다, 등록하다
溜	liū	몰래 빠져 나가다
商量	shāng liang	상의하다
建议	jiàn yì	건의하다
打听	dǎ ting	앉아보다, 물어보다
解释	jiě shì	해석하다, 분석하다 / 해명하다
预先	yù xiān	사전에, 미리
搬家	bān jiā	이사 가다

起床	qǐ chuáng	(잠자리에서) 일어나다
吸烟	xī yān	담배 피다
烤	kǎo	굽다, (불을 쬐어) 말리다
化妆	huà zhuāng	화장하다
打扫	dǎ sǎo	청소하다
绑	bǎng	(줄이나 끈으로) 동이다, 묶다
淘气	táo qì	장난이 심하다, 말을 듣지 않다, 화나게 하다
动手	dòng shǒu	시작하다, 착수하다
执行	zhí xíng	집행하다, 실행하다
罢工	bà gōng	동맹파업(하다)
寒假	hán jià	겨울방학
暑假	shǔ jià	여름방학
享受	xiǎng shòu	누리다, 즐기다
驾驶	jià shǐ	운전하다
行驶	xíng shǐ	(차나 배 등이) 운행하다
对待	duì dài	대하다, 상대하다, 대처하다
收拾	shōu shi	치우다, 정리하다
抬	tái	들다, 들어올리다, 쳐들다
产生	chǎn shēng	생기다, 발생하다
研制	yán zhì	연구 제작하다

15일

现成	xiàn chéng	기성의, 원래부터 있는
采取	cǎi qǔ	(조치, 수단, 정책 등을) 취하다
当成	dàng chéng	~으로 여기다, 간주하다
发觉	fā jué	깨닫다, 알아차리다
觉得	jué de	~라고 여기다, 생각하다
看来	kàn lái	보아하니 ~하다
以为	yǐ wéi	여기다, 간주하다, 생각하다
累	lèi	지치다, 피곤하다
脑筋	nǎo jīn	두뇌, 머리, 지능
想法	xiǎng fa	생각, 견해
批评	pī píng	비평하다, 지적하다
熟悉	shú xī	잘 알다, 익숙하다
掌握	zhǎng wò	숙달하다, 정통하다, 장악하다
认识	rèn shi	몰래 빠져 나가다
懂	dǒng	알다, 이해하다
明白	míng bai	알다, 이해하다
晓得	xiǎo de	알다, 이해하다
亲手	qīn shǒu	직접, 손수
区别	qū bié	구별, 차이
相信	xiāng xìn	믿다, 신뢰하다

怀疑	huái yí	의심하다
惊讶	jīng yà	의아스럽다, 놀랍다
错误	cuò wù	착오, 잘못
计划	jì huà	계획하다
注意	zhù yì	주의하다, 조심하다
适应	shì yìng	적응하다
模仿	mó fǎng	모방하다
寻找	xún zhǎo	찾다, 구하다
估计	gū jì	추측하다, 예측하다
打算	dǎ suan	~할 작정이다
心愿	xīn yuàn	염원, 소망
达到	dá dào	달성하다, 도달하다
担心	dān xīn	걱정하다, 염려하다
提醒	tí xǐng	일깨우다, 상기시키다
尽量	jǐn liàng	가능한 한, 되도록
用功	yòng gōng	열심히 공부하다
争取	zhēng qǔ	쟁취하다, 얻어내다
耐心	nài xīn	참을성이 있다
忍不住	rěn bú zhù	참을 수 없다
高潮	gāo cháo	최고조, 클라이맥스

17일

负责	fù zé	책임지다
控制	kòng zhì	억제하다, 통제하다
公开	gōng kāi	공개하다, 공개적인
骗	piàn	속이다, 기만하다
障碍	zhàng ài	방해하다, 막다, 장애물
关怀	guān huái	(윗사람이 아랫사람을) 보살피다, 배려하다
照顾	zhào gù	보살피다, 돌보다
比赛	bǐ sài	시합, 경기
夸奖	kuā jiǎng	칭찬하다
看不起	kàn bu qǐ	무시하다, 깔보다
开玩笑	kāi wán xiào	농담하다, 웃기다
想念	xiǎng niàn	그리워하다, 생각하다
兴奋	xīng fèn	흥분하다
心事	xīn shì	걱정거리, 고민
折磨	zhé mó	괴롭히다, 못살게 굴다
心情	xīn qíng	심정, 감정, 마음
责备	zé bèi	탓하다, 책망하다
计较	jì jiào	따지다, 계산하여 비교하다
放弃	fàng qì	(권리, 주장, 의견 등을) 버리다, 포기하다
威胁	wēi xié	위협하다, 협박하다

挣扎	zhēng zhá	발버둥치다, 몸부림치다
安慰	ān wèi	위로하다, 위로를 얻다
心疼	xīn téng	아까워하다, 애석해하다
辛苦	xīn kǔ	고생스럽다, 수고했습니다.
满意	mǎn yì	만족하다, 만족스럽다
焦急	jiāo jí	조급해하다, 초조하다
小伙子	xiǎo huǒ zi	젊은이, 청년, 총각
丈夫	zhàng fu	남편
妻子	qī zi	아내
同事	tóng shì	직장동료
邻居	lín jū	이웃집, 이웃사람
对手	duì shǒu	상대, 적수
对方	duì fāng	상대방, 상대편
亲眼	qīn yǎn	직접 자신의 눈으로 (보다)
放松	fàng sōng	느슨하게 하다, 정신적 긴장을 풀다
吃惊	chī jīng	놀라다
房东	fáng dōng	집주인
观众	guān zhòng	관중
司机	sī jī	운전사, 기사
医生	yī shēng	의사

19일

糊涂	hú tu	흐리멍덩하다, 멍청하다
结实	jiē shi	튼튼하다, 건장하다
浑身	hún shēn	전신, 온몸
骗子	piàn zi	사기꾼
肚子	dù zi	배
肩膀	jiān bǎng	어깨
胳膊	gē bo	팔
皱纹	zhòu wén	주름(살)
伤口	shāng kǒu	상처
脖子	bó zi	목
眼睛	yǎn jing	눈
耳朵	ěr duo	귀
头发	tóu fa	머리카락
嘴	zuǐ	입
嘴唇	zuǐ chún	입술
可怜	kě lián	불쌍하다, 가련하다
有趣	yǒu qù	재미있다, 흥미가 있다
年轻	nián qīng	젊다, 어리다
回忆	huí yì	회상하다, 추억하다
灵活	líng huó	민첩하다, 날쌔다, 재빠르다

口气	kǒu qì	말투, 어조
赤脚	chì jiǎo	맨발
竭力	jié lì	있는 힘을 다하다
拼命	pīn mìng	죽을힘을 다하다, 필사적으로 하다
故意	gù yì	일부러, 고의로
坚决	jiān jué	(태도, 행동) 단호하다
勉强	miǎn qiǎng	간신히(가까스로) ~하다
不得不	bù dé bù	어쩔 수없이
无可奈何	wú kě nài hé	어찌해볼 도리가 없다
周密	zhōu mì	주도면밀하다, 치밀하다
从容	cóng róng	침착하다, 여유가 있다
任性	rèn xìng	제멋대로 하다
陪	péi	모시다, 동반하다, 수행하다
脾气	pí qi	성격, 성질
老实	lǎo shi	성실하다, 솔직하다
干脆	gān cuì	차라리, (언행이) 명쾌하다
本事	běn shì	능력, 재주
温暖	wēn nuǎn	따뜻하다
积极	jī jí	적극적이다
特意	tè yì	특별히

21일

聪明	cōng ming	똑똑하다, 총명하다
尖锐	jiān ruì	날카롭다, 예리하다
兴趣	xìng qù	흥미
善于	shàn yú	~를 잘하다, ~에 능숙하다
能干	néng gàn	유능하다, 솜씨가 있다
身份	shēn fen	신분, 지위
出名	chū míng	유명해지다, 이름을 날리다
倒霉	dǎo méi	재수없다
紧张	jǐn zhāng	(정신적으로) 긴장해있다, 바쁘다, (물품이) 부족하다
痛快	tòng kuài	통쾌하다, 유쾌하다
寂寞	jì mò	외롭다, 쓸쓸하다
舒服	shū fu	(몸, 마음이) 쾌적하다, 편안하다
随便	suí biàn	마음대로, 좋을대로
轻松	qīng sōng	수월하다, 부담이 없다
难过	nán guò	고통스럽다, 괴롭다
可怕	kě pà	무섭다, 두렵다
偷偷	tōu tōu	남몰래, 슬쩍
居然	jū rán	뜻밖에, 예상외로
可笑	kě xiào	가소롭다
无聊	wú liáo	심심하다, 따분하다

22일

可惜	kě xī	아쉽다, 애석하다
舍不得	shě bu de	헤어지기 섭섭하다 / ~하기 아깝다
继承	jì chéng	(유산 등을) 상속하다 / (기풍, 문화) 계승하다
分别	fēn bié	따로 따로 / 헤어지다, 이별하다
邀请	yāo qǐng	초청하다
等	děng	기다리다 / 등급
对付	duì fu	대처하다, 대응하다
接待	jiē dài	접대하다, 응접하다
科技	kē jì	과학기술
专家	zhuān jiā	전문가
因素	yīn sù	(구성)요소, 원인, 요건
抽象	chōu xiàng	추상적이다
具体	jù tǐ	구체적이다
关键	guān jiàn	관건, 키 포인트
着重	zhuó zhòng	강조하다, 역점을 두다
道德	dào dé	도덕, 윤리, 도덕적이다
集体	jí tǐ	집단, 단체
放假	fàng jià	방학하다, (학교나 직장이) 쉬다
卡车	kǎ chē	트럭
柜台	guì tái	계산대, 카운터

23일

车站	chē zhàn	정류장
犯	fàn	위반하다, 어기다 / 犯错 : 실수하다
赔	péi	배상하다, 변상하다
吃亏	chī kuī	손해를 보다
节约	jié yuē	절약하다 = 节省
信息	xìn xī	정보
消息	xiāo xi	소식, 기별 / 뉴스, 정보
炫耀	xuàn yào	자랑하다, 과시하다
广播	guǎng bō	방송하다
推广	tuī guǎng	널리 보급하다
代价	dài jià	대가
借口	jiè kǒu	구실, 핑계
证据	zhèng jù	증거
用处	yòng chu	용도
工具	gōng jù	수단, 도구
公元	gōng yuán	서기 예 公元2000年
农历	nóng lì	음력
厘米	lí mǐ	센티미터
毫米	háo mǐ	밀리미터
聊天	liáo tiān	잡담, 한담, 채팅

24일

信	xìn	편지
报纸	bào zhǐ	신문
笑话	xiào hua	우스갯소리, 농담
火柴	huǒ chái	성냥
打火机	dǎ huǒ jī	라이터
表演	biǎo yǎn	공연하다, 연기하다
行李	xíng li	짐, 여행짐
原料	yuán liào	원료
垃圾	lā jī	쓰레기
肥皂	féi zào	비누 = 香皂 세수비누
面包	mià nbāo	빵
蔬菜	shū cài	채소
毛巾	máo jīn	수건, 타월
背心	bèi xīn	조끼
T恤	T xù	T셔츠
衬衫	chèn shān	와이셔츠
被子	bèi zi	이불
毛衣	máo yī	스웨터
领带	lǐng dài	넥타이
层次	céng cì	단계, 순서, 차등

25일

大厦	dà shà	빌딩, 건물
楼上	lóu shàng	2층, 위층
月台	yuè tái	(일반적으로 역의) 플랫폼(platform)
窗台	chuāng tái	창턱
地毯	dì tǎn	카펫, 양탄자
门口	mén kǒu	입구, 현관
板凳	bǎn dèng	등받이가 없는 긴 의자, 벤치(bench)
抽屉	chōu ti	서랍
勺子	sháo zi	조금 큰 국자, 주걱
筷子	kuài zi	젓가락
匙子	chí zi	숟가락
手电筒	shǒu diàn tǒng	손전등
梯子	tī zi	사다리
钢琴	gāng qín	피아노
菜刀	cài dāo	부엌칼, 식칼
雷达	léi dá	레이더
仪器	yí qì	측정(계측)기
难道	nán dào	설마 ~하겠는가?
随后	suí hòu	뒤따라, 뒤이어
否则	fǒu zé	만약 그렇지 않으면

26일

既然	jì rán	이왕 ~한 바에야
边缘	biān yuán	가장자리 부분
沙滩	shā tān	모래사장, 백사장
充电器	chōng diàn qì	충전기
苍蝇	cāng ying	(동물) 파리
蚊子	wén zi	(동물) 모기
虾	xiā	새우
鲸鱼	jīng yú	고래
蚂蚁	mǎ yǐ	개미
公路	gōng lù	(주로 차가 다니는) 도로, 고속도로
铁路	tiě lù	철도
松	sōng	소나무 / 느슨하게 하다
长久	cháng jiǔ	매우 길고 오래다
批发	pī fā	도매하다
零售	líng shòu	소매하다
一点点	yì diǎn diǎn	아주 약간, 아주 조금
所在	suǒ zài	장소, 곳, 소재지
象棋	xiàng qí	장기
围棋	wéi qí	넥타이
明明	míng míng	분명히, 명백히

27일

发亮	fā liàng	밝아지다, 빛나다 예 东方发亮 동녘이 밝아온다
崭新	zhǎn xīn	참신하다
鲜红	xiān hóng	새빨갛다
脚步声	jiǎo bù shēng	발걸음 소리
半天	bàn tiān	한나절, 반일, 한참
顺手	shùn shǒu	(도구 등이 사용하기에) 편리하다, 손에 익다
逐渐	zhú jiàn	점점, 점차
气氛	qì fēn	분위기
自从	zì cóng	~부터, ~에서 (행위나 상황의 기점)
毕竟	bì jìng	결국, 끝내
汉堡	hàn bǎo	햄버거 / (지명) 함부르크
热狗	rè gǒu	핫도그
火腿	huǒ tuǐ	햄(ham)
香肠	xiāng cháng	소시지
乳酪	rǔ lào	치즈
三明治	sān míng zhì	샌드위치
炒饭	chǎo fàn	볶음밥
紫菜饭	zǐ cài fàn	김밥
牛排	niú pái	소고기 스테이크, 소 갈비
排骨汤	pái gǔ tāng	갈비탕

拉链	lā liàn	지퍼
水洗	shuǐ xǐ	물세탁
干洗	gān xǐ	드라이클리닝
缝补	féng bǔ	깁다, 꿰매다
缝纫机	féng rèn jī	재봉틀
扣子	kòu zi	단추
围巾	wéi jīn	목도리
手套	shǒu tào	장갑
皮带	pí dài	허리띠
袜子	wà zi	양말
牛仔裤	niú zǎi kù	청바지
运动鞋	yùndòngxié	운동화
小学	xiǎo xué	초등학교
初级中学(初中)	chū jí zhōng xué(chū zhōng)	중학교, 일반적으로 初中이라고 함
高级中学(高中)	gāo jí zhōng xué(gāo zhōng)	고등학교, 일반적으로 高中이라고 함
大学	dà xué	종합대학
学院	xué yuàn	단과대학
专科学校	zhuān kē xué xiào	전문대학교
研究所	yán jiū suǒ	대학원
膝盖	xī gài	무릎

29일

哈哈	hā ha	하하(웃음 소리)
嘻嘻	xī xī	히히(웃음 소리)
嘿嘿	hēi hēi	헤헤(웃음 소리)
小心路滑	xiǎo xīn lù huá	(표지) 미끄럼 주의
小心油漆	xiǎo xīn yóu qī	(표지) 칠 주의
不准入内	bù zhǔn rù nèi	(표지) 출입금지
保持距离	bǎo chí jù lí	(표지) 거리유지
禁止吸烟	jìn zhǐ xī yān	(표지) 흡연금지
禁止超车	jìn zhǐ chāo chē	(표지) 추월금지
请勿张贴	qǐng wù zhāng tiē	(표지) 게시물금지
请勿靠近	qǐng wù kào jìn	(표지) 접근금지
请勿停车	qǐng wù tíng chē	(표지) 주차금지
请勿触手	qǐng wù chù shǒu	(표지) 손대지 말것
交换	jiāo huàn	교환하다
不论	bú lùn	~을 막론하고, ~이든 간에
打断	dǎ duàn	자르다, 절단하다
淹没	yān mò	(큰 물에) 잠기다, 수몰되다
排列	pái liè	배열하다, 정렬하다
分散	fēn sàn	분산하다, 흩어지다
不必	bú bì	~할 필요없다

30일

不如	bù rú	~만 못하다, ~하는 편이 낫다
空话	kōng huà	공염불, 빈말
各种各样	gè zhǒng gè yàng	가지각색, 각양각색
实在	shí zai	확실히, 정말로, 참으로
失去	shī qù	잃다, 잃어버리다
上班	shàng bān	출근하다
下班	xià bān	퇴근하다
自言自语	zì yán zì yǔ	혼잣말을 하다
过日子	guò rì zi	생활하다, 지내다
办公	bàn gōng	공무(사무)를 보다 예 办公室(사무실)
猜	cāi	추측하다, 알아맞히다
来不及	lái bu jí	(시간이 부족하여) 돌 볼 시간이 없다, 미처 ~하지 못하다, 제 시간에 댈 수 없다
渴望	kě wàng	갈망하다, 간절히 바라다
拥护	yōng hù	(정책, 노선 등을) 지지하다, 옹호하다
放弃	fàng qì	(권리, 주장, 의견) 버리다, 포기하다
帮忙	bāng máng	일을 돕다, 도움을 주다
骄傲	jiāo ào	오만하다, 거만하다
客气	kè qi	예의바르다, 겸손하다
讲究	jiǎng jiu	중요시하다, 소중히 여기다
特意	tè yì	특별히, 일부러